《电力行业信息系统安全等级保护基本要求》释义

（管理类信息系统分册）

国家能源局　编著

電子工業出版社

Publishing House of Electronics Industry

北京·BEIJING

内 容 简 介

　　《电力行业信息系统安全等级保护基本要求》是电力行业开展信息安全等级保护工作的基础性依据文件之一，本书是对它的权威解读，主要介绍了国家信息安全等级保护政策和标准、行业信息安全规范性文件、行业信息安全等级保护主要工作和各级信息系统等级保护基本要求释义。

　　本书为电力行业信息安全相关部门和电力信息系统管理、运维、开发、建设和外包服务等各类人员从事相关工作提供了重要参考，有助于相关人员理解和使用，是从事信息安全工作不可多得的学习资料。

图书在版编目（CIP）数据

《电力行业信息系统安全等级保护基本要求》释义.管理类信息系统分册　/国家能源局编著. —北京：电子工业出版社，2014.4

ISBN 978-7-121-22788-2

Ⅰ.①电… Ⅱ.①国… Ⅲ. ①电力系统—信息安全—安全法规—法律解释—中国—职业培训—教材 Ⅳ.①D922.292.5

中国版本图书馆 CIP 数据核字（2014）第 062699 号

策划编辑：杨　波
责任编辑：杨　波
印　　刷：北京京师印务有限公司
装　　订：北京京师印务有限公司
出版发行：电子工业出版社
　　　　　北京市海淀区万寿路 173 信箱　　邮编　100036
开　　本：787×1 092　1/16　印张：12.5　字数：320 千字
印　　次：2014 年 4 月第 1 次印刷
定　　价：38.00 元

电力是关系国计民生的重要基础产业，也是关系千家万户的公用事业。电力安全可靠供应事关经济发展、人民生活和社会稳定，保障电力系统安全是国家安全的重要组成部分。现代电力工业具有高度网络化、系统化、自动化的特征，以网络、数据库及计算机自动控制技术为代表的信息处理技术已成为支撑电力生产控制和经营管理不可或缺的基础要素，保障电力网络与信息系统安全已成为电力系统安全稳定运行的重要前提。

同时，各国尤其是大国之间，在网络空间的控制与反控制、渗透与反渗透的斗争更加激烈，维护网络空间安全、保障国家重要基础设施安全已经成为国家战略的制高点。近年来发生的"震网"和"棱镜门"事件表明，某些西方大国为维持其全球霸权，一直在利用信息技术的原发优势，不断加强对其他国家网络空间的渗透、控制和破坏，对这些国家的政治、经济、军事安全构成了严重威胁。我国在网络空间方面，由于核心技术尚未完全掌握、关键设备大多从国外进口、国产水平较低、信息安全基础薄弱，维护网络空间安全，保障电力等国家关键基础设施和信息系统的安全，实现信息安全"能控、在控、可控"的任务非常艰巨。

信息安全等级保护制度是我国在信息安全领域的一项基本制度。2003年，中央办公厅、国务院办公厅印发了《国家信息化领导小组关于加强信息安全保障工作的意见》（中办发〔2003〕27号），明确要求重点保护国家基础信息网络和关系国家安全、经济命脉、社会稳定等方面的重要信息系统安全，抓紧建立信息安全等级保护制度。我国先后制定出台了《信息安全等级保护管理办法》及《信息系统安全等级保护基本要求》等一系列等级保护规范性文件和标准，有力促进了等级保护工作。公安部于2009年印发了《关于开展信息安全等级保护安全建设整改工作的指导意见》（公信安〔2009〕1429号），明确指出国家重点行业信息系统主管部门可以按照《信息系统安全等级保护基本要求》等国家标准，在不低于等级保护基本要求的情况下，结合系统安全保护的特殊需求，制定行业标准、规范性文件或细则，指导本行业信息系统安全等级保护建设整改工作。

电力行业素来有安全重于泰山的优良传统，经过多年的努力，逐步形成了具有行业特点比较完善的信息安全防护体系。在信息安全等级保护工作方面，率先在行业内全面贯彻落实国家信息安全等级保护制度并取得了良好成效。为结合行业实际，更好地贯彻落实国家基本要求，原电监会印发了《电力行业信息系统安全等级保护基本要求》（电监信息［2012］62号），经过几年的施行，有力促进了电力行业等级保护工作，保障了电力重要信息系统安全。

为做好《电力行业信息系统安全等级保护基本要求》的贯彻落实工作，国家能源局组织参与行业基本要求编制工作的有关专家，编写了这本释义。本书对《电力行业信息系统安全等级保护基本要求》的主要内容做了全面、详细、准确的诠释，是行业信息安全等级保护测评人员、信息系统建设和运行管理等人员准确把握行业基本要求的重要参考资料。我相信，这本释义的出版发行，将对落实电力行业信息安全等级保护制度、保障电力重要信息系统安全、维护国家安全，起到积极的促进作用。

2014 年 3 月 18 日

前　言

为贯彻落实国家信息安全等级保护制度，按照公安部《关于开展信息安全等级保护安全建设整改工作的指导意见》（公信安［2009］1429号）要求，结合行业信息系统特点和工作实践，依据《信息系统安全等级保护基本要求》、《电力行业网络与信息安全监督管理暂行规定》、《电力二次系统安全防护规定》等，原电监会信息中心（现国家能源局信息中心）组织编制了《电力行业信息系统安全等级保护基本要求》（电监信息［2012］62号），并于2012年11月正式印发施行，得到了行业内外的广泛好评，有力促进了行业信息安全等级保护工作。

为进一步促进信息安全从业人员对规范性文件的理解，在国家能源局电力安全监管司的指导下，国家能源局信息中心组织电力行业信息安全等级保护测评中心各测评实验室（北京华电卓识信息安全测评技术中心有限公司——第一测评实验室，中国电力科学研究院——第二测评实验室，南京南瑞集团公司/国网电力科学研究院——第三测评实验室）编写了《〈电力行业信息系统安全等级保护基本要求〉释义（管理类信息系统分册）》和《〈电力行业信息系统安全等级保护基本要求〉释义（生产控制类信息系统分册）》，旨在促进电力行业信息安全相关部门和电力信息系统管理、运维、开发、建设和外包服务等各类人员更好地理解行业基本要求中的内容，同时规范测评机构对于电力信息系统的等级测评行为，规避因不熟悉电力信息系统测评工作而引发的测评次生风险。管理类信息系统分册主要介绍了国内信息安全相关政策标准、电力行业信息安全政策、电力行业信息安全等级保护工作和管理类信息系统不同级别安全保护基本要求释义。生产控制类信息系统分册将后续出版。

本书在编著过程中，得到了公安部网络安全保卫局、公安部信息安全等级保护评估中心、国家信息技术安全研究中心、中国信息安全测评中心、中国金融电子化公司测评中心、教育信息安全等级保护测评中心、中国人民解放军信息安全测评认证中心和行业内相关领导及专家的指导和帮助，在此一并表示衷心感谢。

编委会

2014年3月

《电力行业信息系统安全等级保护基本要求》释义
（管理类信息系统分册）

编　委　会

主　　编　杨　昆　国家能源局总工程师

副 主 编　韩　水　国家能源局电力安全监管司司长

孙耀唯　国家能源局信息中心主任

执行副主编　苑　舜　国家能源局电力安全监管司副司长

胡红升　国家能源局信息中心副主任

王继业　中国电力科学研究院副院长

张　强　南瑞集团公司副总工程师

王英彬　北京华电卓识信息安全技术测评中心

有限公司董事长

编写人员（排名不分先后）

温红子	许海铭	高昆仑	王泽宁	陈雪鸿	张　鹏
朱世顺	刘　韧	李　凌	毛　澍	刘　行	高艳坤
郑晓崑	董　珏	赖宝亮	詹　雄	陈　刚	韩　震
周　亮	朱晓欢	马庆余	杨维永	唐汗青	林为民
毕　超	李　鹏	蒋　铮	房　磊	陈　杰	刘文彬
焦安春	王恩库	曹宇飞	张志伟	赵丽国	刘　寅

目 录

第一章 信息安全等级保护制度介绍

1.1 等级保护基本概念

信息安全等级保护制度是我国信息安全的基本制度，也是当今发达国家保护关键信息基础设施和保障信息安全的通行做法。随着信息技术的广泛应用和信息化的快速发展，社会对信息化的依赖程度越来越高，网络和信息系统的安全问题愈加重要。为保障基础网络和重要信息系统安全，维护国家利益和社会秩序，2003 年 7 月，国家信息化领导小组审议通过了《国家信息化领导小组关于加强信息安全保障工作的意见》（中办发［2003］27 号），提出了我国信息安全保障工作的总体纲领，并明确指出建立信息安全等级保护制度是我国信息安全工作的一项基本要求。2007 年，公安部、国家保密局、国家密码管理局、国务院信息化工作办公室联合印发了《信息安全等级保护管理办法》（公通字［2007］43 号），具体规范了信息安全等级保护管理的各个方面。2009 年，公安部印发了《关于开展信息安全等级保护安全建设整改工作的指导意见》（公信安［2009］1429 号），提出了信息系统安全等级保护建设工作的时间进度安排。2010 年，公安部印发《关于推动信息安全等级保护测评体系建设和开展等级测评工作的通知》（公信安［2010］303 号），推动了信息安全等级保护测评工作的有序开展。2012 年，国务院发布了《国务院关于大力推进信息化发展和切实保障信息安全的若干意见》（国发［2012］23 号），提出以信息安全等级保护为基础性工作的国家信息安全保障体系，对维护国家安全具有重大意义。

信息安全等级保护是指对国家秘密信息、法人和其他组织及公民的专有信息以及公开信息和存储、传输、处理这些信息的信息系统分等级实行安全保护，对信息系统中使用的信息安全产品实行按等级管理，对信息系统中发生的信息安全事件分等级响应和处置。信息系统的安全保护等级应当根据信息系统在国家安全、经济建设、社会生活中的重要程度，信息系统遭到破坏后对国家安全、社会秩序、公共利益以及公民、法人和其他组织的合法权益的危害程度等因素确定。信息系统的安全保护等级分为以下五级：第一级为用户自主保护级，信息系统受到破坏后，会对公民、法人和其他组织的合法权益造成损害，但不损害国家安全、社会秩序和公共利益。第二级为系统审计保护级，信息系统受到破坏后，会对公民、法人和其他组织的合法权益产生严重损害，或者对社会秩序和公共利益造成损害，但不损害国家安全。第三级为安全标记保护级，信息系统受到破坏后，会对社会秩序和公共利益造成严重损害，或者对国家安全造成损害。第四级为结构化保护级，信息系统受到破坏后，会对社会秩序和公共利益造成特别严重损害，或者对国家安全造成严重损害。第五级为访问验证保护级，信息系统受到破坏后，会对国家安全造成特别严重的损害。

信息系统等级保护工作主要分为定级、备案、建设整改、等级测评和监督检查五个环节。

定级工作：对信息系统进行定级是等级保护工作的基础，定级工作的流程是确定定级对象、确定信息系统安全保护等级、组织专家评审、主管部门审批、公安机关审核。

备案工作：信息系统定级以后，应到所在地区的市级以上公安机关办理备案手续，备案工作的流程是信息系统备案、受理、审核和备案信息管理等。

建设整改工作：信息系统安全等级定级以后，应根据相应等级的安全要求，开展信息系统安全建设整改工作：对于新建系统，在规划设计时应确定信息系统安全保护等级要求，按照等级要求，同步规划、同步设计、同步实施安全保护技术措施；对于在用系统，可以采取"分区、分域"的方法，按照"整体保护"原则进行整改方案设计，对信息系统进行加固改造。

等级测评工作：信息系统安全等级保护测评工作是指测评机构依据国家信息安全等级保护制度规定，按照有关管理规范和技术标准，对未涉及国家秘密的信息系统安全等级保护状况进行检测评估的活动。等级测评过程可以分为四个活动：测评准备、方案编制、现场测评与分析、报告编制，常用的测评方法是访谈、检查和测试。

监督检查工作：公安机关依据有关规定，会同行业主管部门对非涉密重要信息系统运营使用单位等级保护工作开展和落实情况进行检查，监督、检查其建设安全设施、落实安全措施、建立并落实安全管理制度、落实安全责任、落实责任部门和人员。

1.2 等级保护政策体系

近年来，为组织开展信息安全等级保护工作，国家相关部委相继出台了一系列文件，对具体工作提供了指导意见和规范，这些文件构成了信息安全等级保护政策体系，如图1-1所示。

《中华人民共和国计算机信息系统安全保护条例》和《国家信息化领导小组关于加强信息安全保障工作的意见》是开展信息安全保护工作的源头文件。前者是国务院于1994年发布的第147号令，明确规定了"计算机信息系统实行安全等级保护，安全等级的划分标准和安全等级保护的具体办法，由公安部会同有关部门制定"。后者明确指出："实行信息安全等级保护。要重点保护基础信息网络和关系国家安全、经济命脉、社会稳定等方面的重要信息系统，抓紧建立信息安全等级保护制度，制定信息安全等级保护的管理办法和技术指南"。

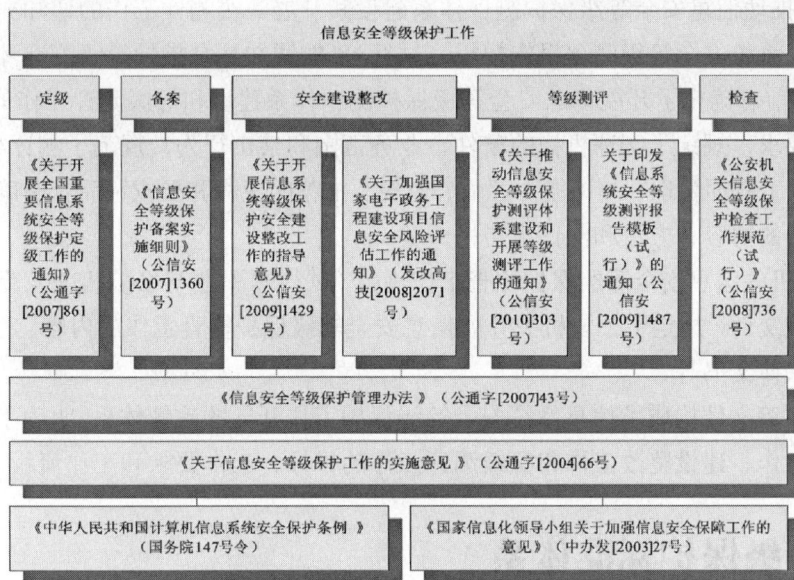

图 1-1　信息安全等级保护政策体系

《关于信息安全等级保护工作的实施意见》是开展等级保护工作的政策指导性文件，明确了开展等级保护工作重要意义，规范了等级保护工作的基本内容、工作要求和实施计划以及各部门职责分工等。

《信息安全等级保护管理办法》是开展等级保护工作的政策性文件，明确了信息安全等级保护制度的基本内容、流程及工作要求，规范了信息系统定级、备案、安全建设整改和等级测评的实施与管理、信息安全产品和测评机构选择等。

《关于开展全国重要信息系统安全等级保护定级工作的通知》是组织开展全国重要信息系统安全等级保护定级工作的政策文件，标志着全国信息安全等级保护工作的正式启动。通过定级工作摸清了信息系统的底数，找到了系统等级保护的重点，奠定了等级保护后续工作的基础。

《信息安全等级保护备案实施细则》是规范备案环节工作的政策文件，该文件规定了公安机关受理信息系统运营使用单位信息系统备案工作的内容、流程、审核等，可用于指导各级公安机关受理信息系统备案工作。

《关于开展信息系统等级保护安全建设整改工作的指导意见》是指导安全建设整改环节工作的政策文件，提出了已定级信息系统开展安全建设整改工作的目标、内容、流程和要求等。

　　《关于加强国家电子政务工程建设项目信息安全风险评估工作的通知》规范了涉密和非涉密国家电子政务项目按照不同的政策标准规范开展信息安全风险评估工作的各个方面。

　　《关于推动信息安全等级保护测评体系建设和开展等级测评工作的通知》和《关于印发〈信息系统安全等级测评报告模板（试行）〉的通知》是指导等级测评环节工作的政策文件。前者确定了开展信息安全等级保护测评体系建设和等级测评工作的目标、内容和工作要求，规定了测评机构的条件、业务范围和禁止行为，规范了测评机构申请、受理、测评工程师管理、测评能力评估、审核、推荐的流程和要求；后者明确了等级保护测评活动的内容、方法和测评报告格式等。

　　《公安机关信息安全等级保护检查工作规范（试行）》是指导公安机关监督检查环节工作的政策文件，规定了公安机关开展信息安全等级保护检查工作的内容、程序、方式以及相关法律文书等。

　　以上政策文件构成了信息系统安全等级保护工作开展的政策体系，明确了组织开展等级保护工作、建设整改工作和等级测评工作的目标、工作要求和工作流程。

1.3　等级保护标准体系

　　为推动我国信息安全等级保护工作，全国信息安全标准化技术委员会和公安部信息系统安全标准化技术委员会组织制定了信息安全等级保护工作需要的一系列标准，为开展等级保护工作提供了标准保障。这些标准可以分为基础类、应用类、产品类和其他类，这些标准与等级保护工作之间的关系如图1-2所示。

标准类型	子类型	标准名称
基础类	//	计算机信息系统安全保护等级划分准则(GB 17859—1999)
应用类	信息系统定级	信息系统安全保护等级定级指南(GB/T 22240—2008)
	等级保护实施	信息系统安全等级保护实施指南(GB/T 25058—2010)
	信息系统安全建设	信息系统安全等级保护基本要求(GB/T 22239—2008)
		信息系统通用安全技术要求(GB/T 20271—2006)
		信息系统等级保护安全设计技术要求(GB/T 24856—2009)
		信息系统安全管理要求(GB/T 20269—2006)
		信息系统安全工程管理要求(GB/T 20282—2006)
		信息系统物理安全技术要求(GB/T 21052—2007)
		网络基础安全技术要求(GB/T 20270—2006)
		信息系统安全等级保护体系框架(GA/T 708—2007)
		信息系统安全等级保护基本模型(GA/T 709—2007)
		信息系统安全等级保护基本配置(GA/T 710—2007)
	等级测评	信息系统安全等级保护测评要求(GB/T 28448—2012)
		信息系统安全等级保护测评过程指南(GB/T 28449—2012)
		信息系统安全管理测评(GA/T 713—2007)

图1-2　等级保护标准体系与等级保护工作关系图

标准类型	子类型	标准名称
产品类	操作系统	操作系统安全技术要求(GB/T 20272—2006)
		操作系统安全评估准则(GB/T 20008—2005)
	数据库	数据库管理系统安全技术要求(GB/T 20273—2006)
		数据库管理系统安全评估准则(GB/T 20009—2005)
	网络	网络端设备隔离部件技术要求(GB/T 20279—2006)
		网络端设备隔离部件测试评价方法(GB/T 20277—2006)
		网络脆弱性扫描产品技术要求(GB/T 20278—2006)
		网络脆弱性扫描产品测试评价方法(GB/T 20280—2006)
		网络交换机安全技术要求(GA/T 684—2007)
		虚拟专用网安全技术要求(GA/T 686—2007)
	PKI	公钥基础设施安全技术要求(GA/T 687—2007)
		PKI系统安全等级保护技术要求(GB/T 21053—2007)
	网关	网关安全技术要求(GA/T 681—2007)
	服务器	服务器安全技术要求(GB/T 21028—2007)
	入侵检测	入侵检测系统技术要求和检测方法(GB/T 20275—2006)
		计算机网络入侵分级要求(GA/T 700—2007)
	防火墙	防火墙安全技术要求(GA/T 683—2007)
		防火墙技术要求和测评方法(GB/T 20281—2006)
		包过滤防火墙评估准则(GB/T 20010—2005)
	路由器	路由器安全技术要求(GB/T 18018—2007)
		路由器安全评估准则(GB/T 20011—2005)
		路由器安全测评要求(GA/T 682—2007)
	交换机	网络交换机安全技术要求(GB/T 21050—2007)
		交换机安全测评要求(GA/T 685—2007)
	其他产品	终端计算机系统安全等级技术要求(GA/T 671—2006)
		终端计算机系统测评方法(GA/T 671—2006)
		审计产品技术要求和测评方法(GB/T 20945—2006)
		虹膜特征识别技术要求(GB/T 20979—2007)
		虚拟专网安全技术要求(GA/T 686—2007)
		应用软件系统安全等级保护通用技术指南(GA/T 711—2007)
		应用软件系统安全等级保护通用测试指南(GA/T 712—2007)
其他类	风险评估	信息安全风险评估规范(GB/T 20984—2007)
	事件管理	信息安全事件管理指南(GB/Z20985—2007)
		信息安全事件分类分级指南(GB/Z20986—2007)
		信息系统灾难恢复规范(GB/T 20988—2007)

图1-2 等级保护标准体系与等级保护工作关系图（续）

《计算机信息系统安全保护等级划分准则》是强制性国家标准，是等级保护标准系列的基础。

《信息系统安全等级保护基本要求》是在《计算机信息系统安全保护等级划分准则》以及各技术类标准、管理类标准和产品类标准基础上制定的，给出了各级信息系统应当具备的安全防护能力，并从技术和管理两个方面提出了相应的措施，是信息系统进行建设整改的安全需求。

《信息系统安全等级保护定级指南》规定了定级的依据、对象、流程和方法以及等级变更等内容，同各行业发布的定级实施细则共同用于指导开展信息系统定级工作。

《信息系统安全等级保护实施指南》和《信息系统等级保护安全设计技术要求》构成了指导信息系统安全建设整改的方法指导类标准。前者阐述了在系统建设、运维和废止等各个生命周期阶段中如何按照信息安全等级保护政策、标准要求实施等级保护工作；后者提出了信息系统等级保护安全设计的技术要求，包括安全计算环境、安全区域边界、安全通信网络、安全管理中心等各方面的要求。

《信息系统安全等级保护测评要求》和《信息系统安全等级保护测评过程指南》构成了指导开展等级测评的标准规范。前者阐述了等级测评的原则、测评内容、测评强度、单元测评、整体测评、测评结论的产生方法等内容；后者阐述了信息系统等级测评的过程，包括测评准备、方案编制、现场测评、分析与报告编制等各个活动的工作任务、分析方法和工作结果等。

以上各标准构成了信息系统安全等级保护标准体系，为推动和开展等级保护五个环节的工作提供了强有力的支撑。

第二章 电力行业信息安全等级保护

工作介绍

现代电力生产具有高度信息化、网络化的特征,信息技术应用广泛,信息安全问题也得到及时密切的关注。2005 年,原电监会印发《电力二次系统安全防护规定》(5 号令),规范了电力二次系统安全防护工作。2007 年至 2012 年,原电监会先后印发了《电力行业网络与信息安全监督管理暂行规定》(电监信息〔2007〕50 号)、《电力行业信息系统安全等级保护定级工作指导意见》(电监信息〔2007〕44 号)、《关于开展电力行业信息系统安全等级保护定级工作的通知》(电监信息〔2007〕34 号)、《电力行业信息系统安全等级保护基本要求》(电监信息〔2012〕62 号)等文件,全面推进信息安全等级保护建设工作,规范了电力行业信息安全等级保护定级、备案、建设整改、等级测评、督导检查、人才队伍建设等。

2.1 电力行业网络与信息安全监管政策体系

2006 年,原国家网络与信息安全协调领导小组授权原国家电力监管委员会负责电力行业网络与信息安全监督管理工作。原国家电力监管委员会按照要求,整合力量,成立了电力行业网络与信息安全领导小组,领导小组下设办公室,设在电监会信息中心(现国家能源局信息中心)。2007 年,原电监会信息中心对于行业网络与信息安全监管工作进行了深入研究,并根据"统一领导、分级负责,统筹规划、突出重点,整合资源、形成合力,以我为主、兼收并蓄"的原则,对电力行业网络与信息安全监督管理规章制度体系进行规划和设计,陆续印发了《电力行业网络与信息安全监督管理暂行规定》、《电力行业信息系统安全等级保护定级工作指导意见》、《电力行业网络与信息安全信息通报暂行办法》、《电力行业网络与信息安全应急预案》、《电力行业信息系统安全等级保护基本要求》等一系列文件,使等级保护、风险评估、信息通报、应急处置等工作走上了规范化、法制化的道路,实现了依法监管,如图 2-1 所示。

在电力行业网络与信息安全监管体系文件中,规范电力行业信息安全等级保护工作的文件有:

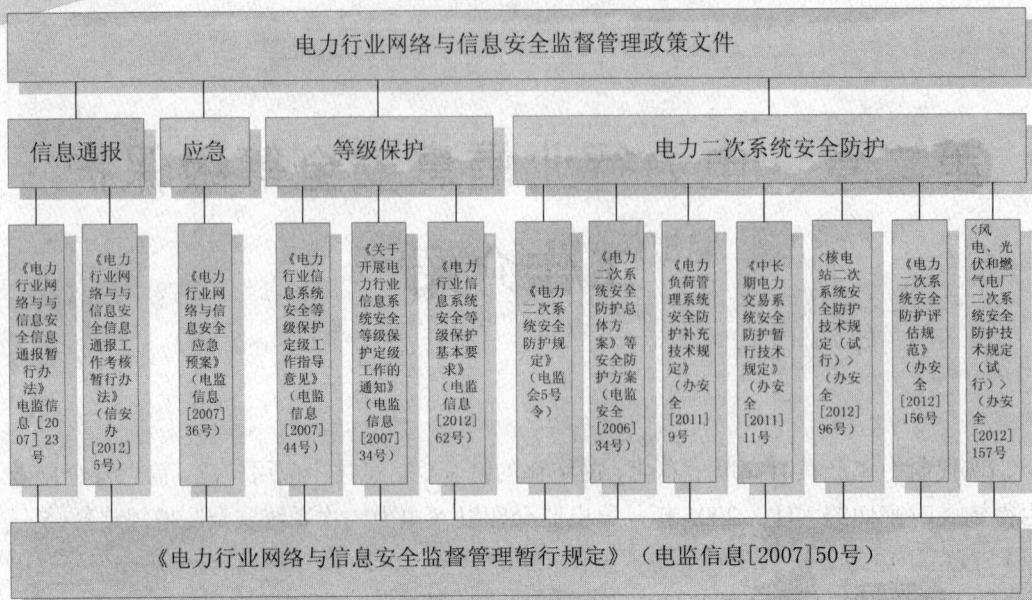

图 2-1 电力行业网络与信息安全监督管理政策体系

《电力行业网络与信息安全监督管理暂行规定》，2007 年印发，为电力行业信息安全等级保护监管工作的指导层文件，明确了电力监管机构的监督管理职责、电力企业职责、行业信息安全重点工作等。

《关于开展电力行业信息系统安全等级保护定级工作的通知》，2007 年印发，为电力行业信息安全等级保护监管工作的实施层文件，规范了电力信息系统定级工作组织、主要工作内容、进度安排和工作要求等。

《电力行业信息系统安全等级保护定级工作指导意见》，2007 年印发，为电力行业信息安全等级保护监管工作的实施层文件，明确了电力信息系统等级保护的定级原理、定级方法、审批流程、等级变更、定级参考建议等。

《电力行业信息系统安全等级保护基本要求》，2012 年印发，全面规范了电力行业信息系统安全等级保护工作，为电力行业信息系统安全监管提供了参考依据。

2.2 电力信息系统安全等级保护定级备案

2005 年，原电监会开展电力行业信息系统（本书中信息系统均指非涉密信息系统）定级研究工作，2007 年出台《电力行业信息系统安全等级保护定级工作指导意见》（电监信息［2007］44 号），成为电力行业信息系统安全保护定级工作的政策性文件。根据电力信息系统业务信息安全和系统服务安全被破坏时对公民、法人和其他组织的合法权益、社会秩序、公共利益和国家安全的侵害程度，管理类电力信息系统可分为 1～3 级。

根据电力行业信息系统实际情况和保护侧重点的不同，技术类安全要求进一步细分为：保护数据在存储、传输、处理过程中不被泄露、破坏和免受未授权的修改的信息安全类要求（简记为 S）；保护系统连续正常的运行，免受对系统的未授权修改、破坏而导致系统不可用的服务保证类要求（简记为 A）；通用安全保护类要求（简记为 G）。在系统定级时，可按不同安全保护等级的组合进行定级，如表 2-1 所示。

表 2-1 各等级信息系统定级结果组合

安全保护等级	信息系统定级结果的组合
第一级	S1A1G1
第二级	S1A2G2，S2A2G2，S2A1G2
第三级	S1A3G3，S2A3G3，S3A3G3，S3A2G3，S3A1G3

对于在电力行业中有重要应用的信息系统,原电监会给出的安全保护级别的定级建议如表 2-2 所示。

表 2-2 电力行业重要信息系统安全等级保护定级建议

系统类别	系统名称	范围	建议等级	备注
生产控制系统	能量管理系统	省级及以上	4	
		省级以下	3	
	变电站自动化系统（含开关站、换流站）	220 千伏及以上	3	
		220 千伏以下	2	
	配网自动化系统		3	
	电力负荷管理系统		3	
	火电机组控制系统 DCS（含辅机控制系统）	单机容量300 兆瓦及以上	3	
		单机容量300 兆瓦以下	2	
	水电厂监控系统	总装机 1000 兆瓦及以上	3	
		总装机 1000 兆瓦以下	2	
	梯级调度监控系统	总装机 2000 兆瓦及以上	3	若无控制功能则属生产管理系统
		总装机 2000 兆瓦以下	2	
生产管理系统	继电保护和故障录波信息管理系统		2	
	电能量计量系统		3	
	广域相量测量系统		3	若有控制功能则属生产控制系统
	水调自动化系统		2	
	调度生产管理系统	省级及以上	3	
		省级以下	2	
	发电厂 SIS	总装机 1000 兆瓦及以上	3	若有控制功能则属生产控制系统
		总装机 1000 兆瓦以下	2	
	梯级水调自动化系统		2	
	大坝自动监测系统		2	
	雷电（气象）监测系统		2	
	核电站环境监测系统		3	

续表

系统类别	系统名称	范围	建议等级	备注
网站系统	企业内部网站系统		2	
	企业对外网站系统	集团公司本部	3	
		二级公司、网省公司及以下	2	
	电力监管门户网站系统	原电监会本部	3	
		原电监会派出机构	2	
管理信息系统	生产管理信息系统		2	
	电力市场信息系统		3	
	财务（资金）管理系统	集团公司本部、二级公司、网省公司	3	
		二级公司、网省公司以下		
	营销管理系统		2	
	办公自动化（OA）系统	集团公司本部	3	
		二级公司、网省公司及以下	2	
	邮件系统		2	
	人力资源管理系统		2	
	物资管理系统		2	
	项目管理系统		2	
	ERP 系统		2	
	修造管理信息系统		2	
	施工管理信息系统		2	
	电力设计管理信息系统	省院（或甲级资质）及以上设计单位	3	
		省院（或甲级资质）以下设计单位	2	
	电力监管信息系统		3	
信息网络	电力调度数据网络		3	
	电力企业广域网		2	
	电力监管广域网		2	

注：建议等级的具体定级组合可参见表 2-1。

2007 年，电力行业开展了第一次全面定级工作。在全国开展的第一次定级工作中，电力信息系统定级最为广泛彻底，摸清了底数，找准了重点，定级工作取得了积极成效。至 2012 年，电力信息系统发生如下变化：（1）统一设计、统一开发、集中部署的信息化建设模式，使信息系统的集成度大幅提高，通常只在总部和省级所属单位实行两级部署；（2）电网调度自动化专业的管理模式与其技术支持系统的体系结构均发生显著改变，无人变电站数量增多。根据电力信息系统发展特点，原电监会适时对系统定级进行调整，主要调整为：（1）隶属于电网公司的变电自动化系统纳入相关调度自动化系统作为子站进行保护，不再作为独立系统进行单独定级；（2）新一代智能电网调度技术支持系统按照分区功能定级，I 区实时监控与预警为四级、II 区调度计划与安全校核为三级、III 区调度管理为二级；（3）集团公司营销管理系统和 ERP 系统调整为三级。

备案是指信息系统安全保护等级确定之后，由信息系统安全等级保护工作责任部门到相应的公安机关办理备案手续，取得信息系统安全等级保护备案证明。备案规则如下：

（1）跨电力公司联网运行，且由行业主管部门统一确定安全等级的信息系统，由行业主管部门负责统一向公安部办理备案手续；

（2）电力公司内部跨省联网运行，且由公司责任部门统一确定安全等级的信息系统，由公司责任部门负责统一向公安部办理备案手续；

（3）其他信息系统，由运营使用单位直接向当地设区的市级以上公安机关备案；

（4）跨省联网运行的信息系统，在各地运行、应用的分支系统，向当地设区的市级以上公安机关备案。

2.3　电力行业信息安全等级保护测评机构建设

2009 年，公安部组织信息安全等级保护测评机构体系建设试点工作，原电监会信息中心被确定为行业试点单位。原电监会信息中心按照试点要求组建了电力行业信息安全等级保护测评中心，专门负责电力行业重要信息系统安全等级保护测评等相关工作。经过一年的筹建准备，2010 年，电力行业信息安全等级保护测评中心通过了测评机构能力评估，成为首家被国家信息安全等级保护工作协调小组办公室推荐的行业测评机构。

电力行业信息安全等级保护测评中心依据"测评活动和管理监督"相分离的组织原则，在原国家电力监管委员会信息中心加挂电力行业信息安全等级保护测评中心（以下简称测评中心）的牌子，具体负责电力行业信息安全测评管理和测评监督工作。同时，在测评中心下面，组建电力行业信息安全测评实验室（以下简称测评实验室），授权测评实验室具体承担信息安全等级保护测评工作。测评实验室是独立的经济实体，独立从事测评活动，独立承担责任。测评中心对测评实验室和测评专业人员实行准入管理，对测评活动和测评质量进行监督。目前测评中心下设三个测评实验室，北京华电卓识信息安全测评技术中心有限公司为第一测评实验室，中国电力科学研究院为第二测评实验室，南京南瑞集团公司（国网电力科学研究院）为第三测评实验室。截至 2012 年年底，测评中心共有 104 人获得公安部信息安全等级保护测评师资质，其中高级 10 人，中级 30 人，初级 64 人。

2.4　电力信息系统安全等级保护测评试点

电力信息系统根据其应用及部署区域的不同，可划分为管理类信息系统[①]和生产控

---

① 管理类信息系统：管理类信息系统是支持电力企业的经营、管理、运营的信息系统，如门户网站系统、电力营销管理系统、财务管理系统、人力资源管理系统、物流管理系统和质量管理系统等。

制类信息系统[①]，根据这两类信息系统不同特点，原电监会分别部署测评试点工作。

2.4.1 管理类信息系统安全等级保护测评试点

2011 年，原电监会印发了《关于组织开展电力行业重要管理信息系统安全等级保护测评试点工作的通知》（信息办函［2011］41 号），启动了管理类信息系统等级测评试点工作，重点测评电力市场交易系统、ERP 系统、财务管理系统、营销管理系统、对外门户网站等。国家电网公司、中国南方电网有限责任公司、中国华能集团公司、中国大唐集团公司、中国华电集团公司、中国国电集团公司、中国电力投资集团公司、中国广核集团有限公司 8 家企业参与了试点工作。截至 2011 年年底，基本完成了 8 家重点电力企业集团本部及下属省级单位重要管理信息系统的测评工作。

2.4.2 生产控制类信息系统安全等级保护测评试点

2012 年，原电监会印发了《关于组织开展电力二次系统安全防护评估试点工作的通知》（办安全函［2012］191 号），启动了生产控制类信息系统等级测评工作，重点测评调度自动化系统、新一代智能电网调度技术支持系统及华北区域担任重要发电或供电业务的三、四级系统。

2.5 电力行业信息安全等级保护监督检查

监督检查是等级保护工作中的重要环节，主要包括主管部门监督检查、联合检查和企业自查等形式。电力行业在过去的监督检查工作中，主要采取了联合检查和企业自查的形式。

a）监督检查：电力监管机构定期组织检查电力企业等级保护工作情况，并对电力企业的相关工作进行评价考核。

b）联合检查：电力监管机构与公安机关建立等级保护联合检查机制，共同督促落实等级保护制度。

c）企业自查：电力企业加强自身信息安全等级保护管理制度和检查管理手段建设，电力（集团）公司可建设统一的信息安全等级保护管理平台，强化日常管理。

根据《信息安全等级保护管理办法》要求，行业主管部门会同公安机关对第三级、第四级信息系统等级保护工作情况进行检查，第三级信息系统每年至少检查一次，第四级信息系统每半年至少检查一次。

---

① 生产控制类信息系统：生产控制类信息系统是用于监视和控制电网及电厂生产运行过程的、基于计算机及网络技术的业务处理系统（含电力通信网络）及智能设备等，如电力数据采集与监控系统、能量管理系统、变电站自动化系统、换流站计算机监控系统、发电厂计算机监控系统、配电自动化系统、微机继电保护和安全自动装置、广域相量测量系统、负荷控制系统、水调自动化系统和水电梯级调度自动化系统、电能量计量计费系统、实时电力市场的辅助控制系统等。

第三章 《电力行业信息系统安全等级保护基本要求》简介

3.1 编制背景

2009 年，公安部印发了《关于开展信息安全等级保护安全建设整改工作的指导意见》（公信安〔2009〕1429 号），明确指出重点行业信息系统主管部门可以按照《信息系统安全等级保护基本要求》等国家标准，结合行业特点，确定《信息系统安全等级保护基本要求》的具体指标；在安全防护强度要求不低于国家等级保护基本要求的情况下，结合系统安全保护的特殊需求，在有关部门指导下制定行业标准规范或细则，指导本行业信息系统安全建设整改工作。

2011 年，为按照国家信息安全等级保护总体部署，进一步贯彻落实国家信息安全等级保护要求，推进电力行业等级保护工作，原电监会信息中心组织力量编制了《电力行业信息系统安全等级保护基本要求》（电监信息〔2012〕62 号），并于 2012 年 11 月印发。

《电力行业信息系统安全等级保护基本要求》可用于以下 3 个方面：

➢ 用于指导信息安全等级保护测评机构开展等级测评工作。等级保护测评机构开展电力系统等级保护测评工作时，要依据电力行业标准开展等级保护测评工作，依据行业基本要求开发适用于电力信息系统的测评作业指导书，规范测评活动，提出整改建议。

➢ 用于指导电力行业信息系统运营单位开展信息系统安全建设整改工作。各运营单位可根据行业基本要求制定整改方案，选定相关产品开展等级保护建设，提高等级防护能力。

➢ 用于电力监管机构和公安机关作为对电力系统信息安全等级保护工作检查的依据之一，不断推动电力行业信息系统安全等级保护健康有序发展。

3.2　主要内容与框架

在主体框架上，《电力行业信息系统安全等级保护基本要求》与国标《信息系统安全等级保护基本要求》差异不大。相同之处为：电力行业等级保护基本要求保留国标等级保护基本要求安全防护强度逐级递增的特点，在主体框架结构上以层面、控制点和项为支撑点：其中，层面表示《电力行业信息系统安全等级保护基本要求》在整体上大的安全层面，一共分为 10 大安全层面，其中技术部分分为：物理安全、网络安全、主机安全、应用安全和数据安全及备份恢复 5 大安全层面，管理部分分为：安全管理机构、安全管理制度、人员安全管理、系统建设管理和系统运维管理 5 大安全层面。控制点表示每个安全层面下的关键控制点，如物理安全层面中的"物理访问控制"作为一个控制点。而项则是控制点下的具体要求项，如"机房出入应有专人负责，进入的人员登记在案。"不同之处为：行业基本要求首先要根据信息系统的部署区域和应用的不同区分信息系统为管理类信息系统还是生产控制类信息系统。确定了信息系统类别之后，各级系统先需满足总体要求，再满足安全层面要求。

3.3　与国标基本要求差异说明

在行业基本要求项上，使用"新增"、"增强"、"细化"、"落实"标识区别于国标基本要求项的条款。"新增"是指国标基本要求中没有对应要求项，而行业基本要求中新增本要求项。"增强"是指国标基本要求有对应的要求项，而行业基本要求本要求项条款描述安全防护强度高于国标基本要求对应要求项。"细化"是指国标基本要求中有对应要求项，而行业基本要求本要求项条款描述对国标基本要求项进行了细致的描述。"落实"是指国标基本要求中有对应要求项，而行业基本要求本要求项条款描述根据行业实际和国标基本要求精神提出了行业实际可操作的落实条款。如表 3-1 所示为行业基本要求与国标基本要求的差异项比对。

表 3-1　行业基本要求与国标基本要求的差异项比对

差异项	管理类信息系统要求项			生产控制类信息系统要求项			合计
	总体技术要求	总体管理要求	要求项	总体技术要求	总体管理要求	要求项	
新增	5	3	23	10	4	56	101
增强	—	—	42	—	—	112	154
细化	—	—	39	—	—	29	68
落实	—	—	16	—	—	23	39
合计	5	3	120	10	4	220	362

行业基本要求管理类信息系统不同级别控制点、要求项分布如表 3-2 所示。

表 3-2　行业基本要求管理类信息系统不同级别控制点、要求项分布

安全要求类	安全层面	管理类信息系统要求					
		一级		二级		三级	
		控制点	要求项	控制点	要求项	控制点	要求项
技术要求	物理安全	7	9	10	19	10	32
	网络安全	3	9	6	23	7	40
	主机安全	4	6	6	19	7	32
	应用安全	4	7	7	19	9	31
	数据安全	2	2	3	4	3	7
管理要求	安全管理制度	2	3	3	7	3	11
	安全管理机构	5	5	6	10	6	21
	人员安全管理	4	8	5	11	5	16
	系统建设管理	9	21	10	31	11	46
	系统运维管理	9	18	12	42	13	63
合计		49	88	68	185	74	299

3.4　基本要求安全层面简介

3.4.1　总体要求

结合电力行业管理信息类系统的安全需求,总体要求主要对网络及边界进行要求及规范,更有针对性地对管理信息类系统整体安全防护提出要求,有助于实现信息系统分层面、分域、分等级保护,有针对性地实施边界防护,防止安全问题扩散。

3.4.2　物理安全

物理安全保护的目的主要是使存放计算机、网络设备的机房、办公环境以及信息系统的设备和存储数据的介质等免受物理环境、自然灾难以及人为操作失误和恶意操作等各种威胁所产生的破坏或攻击。物理安全是防护信息系统安全的基础,缺乏物理安全,其他任何安全措施都是毫无意义的。

物理安全主要涉及的方面包括环境安全（防火、防水、防雷击等）、设备和介质的防盗窃防破坏等方面。具体包括物理位置的选择、物理访问控制、防盗窃和防破坏、防雷击、防火、防水和防潮、防静电、温湿度控制、电力供应和电磁防护这 10 个控制点,如表 3-3 所示。

表3-3　管理类信息系统物理安全控制点

控制点	第一级	第二级	第三级
1	—	物理位置的选择（G）	物理位置的选择（G）
2	物理访问控制（G）	物理访问控制（G）	物理访问控制（G）
3	防盗窃和防破坏（G）	防盗窃和防破坏（G）	防盗窃和防破坏（G）
4	防雷击（G）	防雷击（G）	防雷击（G）
5	防火（G）	防火（G）	防火（G）
6	防水和防潮（G）	防水和防潮（G）	防水和防潮（G）
7	—	防静电（G）	防静电（G）
8	温湿度控制（G）	温湿度控制（G）	温湿度控制（G）
9	电力供应（A）	电力供应（A）	电力供应（A）
10	—	电磁防护（S）	电磁防护（S）

3.4.3　网络安全

网络安全为信息系统在网络环境下的安全运行提供保障。一方面，确保网络设备的安全运行，提供有效的网络服务；另一方面，确保在网上传输数据的保密性、完整性和可用性等。由于网络环境是抵御外部攻击的第一道防线，因此必须进行全方位的防护。对网络安全的保护，主要关注两个方面：共享和安全。开放的网络环境便利了各种资源之间的流动、共享，但同时也打开了"罪恶"的大门。因此，必须在二者之间寻找恰当的平衡点，使得在尽可能安全的情况下实现最大限度的资源共享，这是我们实现网络安全的理想目标。

网络安全主要关注的方面包括网络结构、网络边界以及网络设备自身安全等，具体的控制点包括结构安全、访问控制、安全审计、边界完整性检查、入侵防范、恶意代码防范、网络设备防护这7个控制点，如表3-4所示。

表3-4　管理类信息系统网络安全控制点

控制点	第一级	第二级	第三级
1	结构安全（G）	结构安全（G）	结构安全（G）
2	访问控制（G）	访问控制（G）	访问控制（G）
3	—	安全审计（G）	安全审计（G）
4	—	边界完整性检查（S）	边界完整性检查（S）
5	—	入侵防范（G）	入侵防范（G）
6	—	—	恶意代码防范（G）
7	网络设备防护（G）	网络设备防护（G）	网络设备防护（G）

3.4.4 主机安全

主机安全是包括服务器、终端/工作站等在内的计算机设备在操作系统及数据库系统层面的安全。终端/工作站是带外设的台式机与笔记本计算机，服务器则包括应用程序、网络、Web、文件与通信等服务器。主机是构成信息系统的主要部分，承载着各种应用。因此，主机安全是保护信息系统安全的中坚力量。

主机安全涉及的控制点包括身份鉴别、访问控制、安全审计、剩余信息保护、入侵防范、恶意代码防范和资源控制这 7 个控制点，如表 3-5 所示。

表 3-5 管理类信息系统主机安全控制点

控制点	第一级	第二级	第三级
1	身份鉴别（S）	身份鉴别（S）	身份鉴别（S）
2	访问控制（S）	访问控制（S）	访问控制（S）
3	—	安全审计（G）	安全审计（G）
4			剩余信息保护（S）
5	入侵防范（G）	入侵防范（G）	入侵防范（G）
6	恶意代码防范（G）	恶意代码防范（G）	恶意代码防范（G）
7	—	资源控制（A）	资源控制（A）

3.4.5 应用安全

应用安全是信息系统整体防御中的重要组成部分。在应用层面运行着信息系统的基于网络的应用以及特定业务应用。基于网络的应用是形成其他应用的基础，包括消息发送、Web 浏览等，可以说是基本的应用。业务应用采纳基本应用的功能以满足特定业务的要求，如电子商务、电子政务等。由于各种基本应用最终是为业务应用服务的，因此对应用系统的安全保护最终就是如何保护系统的各种业务应用程序安全运行。

应用安全主要涉及的安全控制点包括身份鉴别、访问控制、安全审计、剩余信息保护、通信完整性、通信保密性、抗抵赖、软件容错、资源控制这 9 个控制点，如表 3-6 所示。

表 3-6 管理类信息系统应用安全控制点

控制点	第一级	第二级	第三级
1	身份鉴别（S）	身份鉴别（S）	身份鉴别（S）
2	访问控制（S）	访问控制（S）	访问控制（S）
3	—	安全审计（G）	安全审计（G）
4	—	—	剩余信息保护（S）

控制点	第一级	第二级	第三级
5	通信完整性（S）	通信完整性（S）	通信完整性（S）
6	—	通信保密性（S）	通信保密性（S）
7	—	—	抗抵赖（G）
8	软件容错（A）	软件容错（A）	软件容错（A）
9	—	资源控制（A）	资源控制（A）

3.4.6 数据安全及备份恢复

信息系统处理的各种数据（用户数据、系统数据、业务数据等）在维持系统正常运行上起着至关重要的作用。一旦数据遭到破坏（泄露、修改、毁坏），都会在不同程度上造成影响，从而危害到系统的正常运行。由于信息系统的各个层面（网络、主机、应用等）都对各类数据进行传输、存储和处理等，因此，对数据的保护需要物理环境、网络、数据库和操作系统、应用程序等提供支持。各个"关口"把好了，数据本身再具有一些防御和修复手段，必然将对数据造成的损害降至最小。

另外，数据备份也是防止数据被破坏后无法恢复的重要手段，而硬件备份等更是保证系统可用的重要内容，在高级别的信息系统中采用异地实时备份会有效地防治灾难发生时可能造成的系统危害。

保证数据安全和备份恢复主要从数据完整性、数据保密性、备份和恢复这3个控制点考虑，如表3-7所示。

表3-7 管理类信息系统数据安全及备份恢复控制点

控制点	第一级	第二级	第三级
1	数据完整性（S）	数据完整性（S）	数据完整性（S）
2	数据保密性（S）	数据保密性（S）	数据保密性（S）
3	备份和恢复（A）	备份和恢复（A）	备份和恢复（A）

3.4.7 安全管理制度

在信息安全中，最活跃的因素是人，对人的管理包括法律、法规与政策的约束、安全指南的帮助、安全意识的提高、安全技能的培训、人力资源管理措施以及企业文化的熏陶，这些功能的实现都是以完备的安全管理政策和制度为前提。这里所说的安全管理制度包括信息安全工作的总体方针、策略、规范各种安全管理活动的管理制度以及管理人员或操作人员日常操作的操作规程。

安全管理制度主要包括管理制度、制定和发布、评审和修订这 3 个控制点，如表 3-8 所示。

表 3-8　管理类信息系统安全管理制度控制点

控制点	第一级	第二级	第三级
1	管理制度（G）	管理制度（G）	管理制度（G）
2	制定和发布（G）	制定和发布（G）	制定和发布（G）
3	—	评审和修订（G）	评审和修订（G）

3.4.8　安全管理机构

安全管理，首先要建立一个健全、务实、有效、统一指挥、统一步调的完善的安全管理机构，明确机构成员的安全职责，这是信息安全管理得以实施、推广的基础。在单位的内部结构上必须建立一整套从单位最高管理层（董事会）到执行管理层以及业务运营层的管理结构来约束和保证各项安全管理措施的执行。其主要工作内容包括对机构内重要的信息安全工作进行授权和审批、内部相关业务部门和安全管理部门之间的沟通协调以及与机构外部各类单位的合作、定期对系统的安全措施落实情况进行检查，以发现问题进行改进。

安全管理机构主要包括岗位设置、人员配备、资金保障、授权和审批、沟通和合作、审核和检查这 6 个控制点，如表 3-9 所示。其中，前 3 个控制点主要是从"硬件配备"方面对管理机构进行了要求，而后 3 个则是具体介绍机构的主要职责和工作。

表 3-9　管理类信息系统安全管理机构控制点

控制点	第一级	第二级	第三级
1	岗位设置（G）	岗位设置（G）	岗位设置（G）
2	人员配备（G）	人员配备（G）	人员配备（G）
3	资金保障（G）	资金保障（G）	资金保障（G）
4	授权和审批（G）	授权和审批（G）	授权和审批（G）
5	沟通和合作（G）	沟通和合作（G）	沟通和合作（G）
6	—	审核和检查（G）	审核和检查（G）

3.4.9　人员安全管理

人，是信息安全中最关键的因素，同时也是信息安全中最薄弱的环节。很多重要的信息系统安全问题都涉及用户、设计人员、实施人员以及管理人员。如果这些与人员有关的安全问题没有得到很好的解决，任何一个信息系统都不可能达到真正的安全。只有对人员进行了正确完善的管理，才有可能降低人为错误、盗窃、诈骗和误用设备的风险，从而降低信息系统遭受由于人为错误造成损失的概率。

对人员安全的管理，主要涉及两方面：对内部人员的安全管理和对外部人员的安全管理。具体包括人员录用、人员离岗、人员考核、安全意识教育和培训、外部人员访问管理这 5 个控制点，如表 3-10 所示。

表 3-10　管理类信息系统人员安全管理控制点

控制点	第一级	第二级	第三级
1	人员录用（G）	人员录用（G）	人员录用（G）
2	人员离岗（G）	人员离岗（G）	人员离岗（G）
3	—	人员考核（G）	人员考核（G）
4	安全意识教育和培训（G）	安全意识教育和培训（G）	安全意识教育和培训（G）
5	外部人员访问管理（G）	外部人员访问管理（G）	外部人员访问管理（G）

3.4.10　系统建设管理

信息系统的安全管理贯穿系统的整个生命周期，系统建设管理主要关注的是生命周期中的前三个阶段（策划、采购、实施）中各项安全管理活动。

系统建设管理分别从工程实施建设前、建设过程以及建设完毕交付三方面考虑，具体包括系统定级、安全方案设计、产品采购和使用、自行软件开发、外包软件开发、工程实施、测试验收、系统交付、系统备案、等级测评和安全服务商选择这 11 个控制点，如表 3-11 所示。

表 3-11　管理类信息系统建设管理控制点

控制点	第一级	第二级	第三级
1	系统定级（G）	系统定级（G）	系统定级（G）
2	安全方案设计（G）	安全方案设计（G）	安全方案设计（G）
3	产品采购和使用（G）	产品采购和使用（G）	产品采购和使用（G）
4	自行软件开发（G）	自行软件开发（G）	自行软件开发（G）
5	外包软件开发（G）	外包软件开发（G）	外包软件开发（G）
6	工程实施（G）	工程实施（G）	工程实施（G）
7	测试验收（G）	测试验收（G）	测试验收（G）
8	系统交付（G）	系统交付（G）	系统交付（G）
9	—	系统备案（G）	系统备案（G）
10	—	—	等级测评（G）
11	安全服务商选择（G）	安全服务商选择（G）	安全服务商选择（G）

3.4.11 系统运维管理

信息系统建设完成投入运行之后，接下来就是如何维护和管理了。系统运行涉及很多管理方面，例如对环境的管理、介质的管理、资产的管理等。同时，还要监控系统由于一些原因发生的重大变化，对安全措施也要进行相应的修改，以确保系统始终处于相应安全保护等级的安全状态中。

系统运维管理主要包括环境管理、资产管理、介质管理、设备管理、监控管理和安全管理中心、网络安全管理、系统安全管理、恶意代码防范管理、密码管理、变更管理、备份与恢复管理、安全事件处置和应急预案管理 13 个控制点，如表 3-12 所示。

表 3-12 管理类信息系统运维管理控制点

控制点	第一级	第二级	第三级
1	环境管理（G）	环境管理（G）	环境管理（G）
2	资产管理（G）	资产管理（G）	资产管理（G）
3	介质管理（G）	介质管理（G）	介质管理（G）
4	设备管理（G）	设备管理（G）	设备管理（G）
5	—	—	监控管理和安全管理中心（G）
6	网络安全管理（G）	网络安全管理（G）	网络安全管理（G）
7	系统安全管理（G）	系统安全管理（G）	系统安全管理（G）
8	恶意代码防范管理（G）	恶意代码防范管理（G）	恶意代码防范管理（G）
9	—	密码管理（G）	密码管理（G）
10	—	变更管理（G）	变更管理（G）
11	备份与恢复管理（G）	备份与恢复管理（G）	备份与恢复管理（G）
12	安全事件处置（G）	安全事件处置（G）	安全事件处置（G）
13	—	应急预案管理（G）	应急预案管理（G）

第四章 《电力行业信息系统安全等级保护基本要求》释义

4.1 总体要求释义

总体要求分为总体技术要求和总体管理要求,是各级管理类信息系统都必须符合的要求。

4.1.1 总体技术要求

a)管理信息大区网络与生产控制大区网络应物理隔离;两网之间有信息交换时应部署符合电力系统安全防护要求的单向隔离装置;(新增)

↳释义: 基于计算机和网络技术的业务系统根据系统特点、重要性和安全要求,原则上划分为生产控制大区和管理信息大区。生产控制大区部署与电力生产控制相关的信息系统。而管理信息大区指生产控制大区之外的电力企业管理业务系统集合。为确保电力监控系统和电力调度数据网络的安全,抵御黑客、病毒、恶意代码等各种形式的恶意破坏和攻击,防止电力二次系统的崩溃或瘫痪,管理信息大区和生产控制大区之间的隔离强度应近似于物理隔离,实现物理隔离的技术路线为采用电力专用横向单向隔离装置,电力专用横向单向隔离装置可实现生产控制大区和管理信息大区之间的单比特信息交换。电力专用隔离装置分为正向隔离装置和反向隔离装置,从生产控制大区往管理信息大区单向传输信息须采用正向隔离装置,由管理信息大区往生产控制大区的单向数据传输必须采用反向隔离装置。

b)管理信息大区网络可进一步划分为内部网络和外部网络,两网之间有信息交换时边界防护强度应强于逻辑隔离;(新增)

↳释义: 管理信息大区可进一步划分为内部网络与外部网络。内部、外部网络划分时,应采用隔离大度强于普通硬件防火墙或具有访问控制功能的网络设备等所实现的逻辑隔离[①]，如网闸或专用网络隔离装置等。

c）具有层次网络结构的单位可统一提供互联网出口；（新增）

> **释义：** 为减少来自互联网的信息安全威胁，电力企业可根据实际情况按行政区域将各级单位统一为一个互联网出口进行集中管理。

d）二级系统统一成域，三级系统可独立成域；（新增）

> **释义：** 安全域是由一组具有相同安全保障需求并相互信任的系统组成的逻辑区域，为了便于管理和节省投资，二级系统可共享相同的安全保障策略，部署于同一安全域中。三级系统安全级别高，每个系统可组成独立的网络安全域。通过对不同级别系统的安全域划分，可以更有层次地保护网络安全，从而更好地控制网络风险。

e）三级系统域可由独立子网承载，每个域有唯一网络出口，对于难以整改的在线运行系统可采取在网络出口处部署符合第三级等级保护要求的安全软硬件产品等措施；使系统整体具备第三级等级保护能力。（新增）

> **释义：** 此要求项是对上一条要求项的增强要求。三级系统可由单独子网承载，也可划分独立的网络安全域，每个安全域有唯一的网络出口。在网络出口处按三级等级保护的要求进行安全防护，部署相应的安全设备。

4.1.2　总体管理要求

a）当本单位管理信息大区仅有一级信息系统时，通用管理要求等同采用一级基本要求；（新增）

> **释义：** 本要求项是针对管理类信息系统所提的总体管理要求。信息系统根据安全级别的不同，从低至高，划分为五个安全等级。每个级别系统安全要求可分为技术要求和管理要求。根据保护侧重点的不同，技术安全要求进一步细分为：保护数据在存储、传输、处理过程中不被泄露、破坏和免受未授权的修改的信息安全类要求（简记为 S）；保护系统连续正常的运行，免受对系统的未授权修改、破坏而导致系统不可用的服务保证类要求（简记为 A）；通用安全保护类要求（简记为 G）。管理要求只有通用安全保护类要求（简记为 G）一种类型。如果管理信息大区中只有一级信息系统，管理要求即采用一级管理基本要求。

---

① 逻辑隔离：逻辑隔离又叫协议隔离。是指处于不同安全域的网络具有物理上的连接，通过协议转换保证受保护信息在逻辑上是隔离的，只有被系统要求传输的信息可以通过。

b）当本单位管理信息大区含有二级及以下等级信息系统时，通用管理要求等同采
　　用二级基本要求；（新增）

释义： 在管理要求中，管理基本要求采用"就高原则"选取。如果本单位管理信息大区中含有二级系统，不含三级、四级系统，通用管理要求采用二级基本要求。

c）当本单位管理信息大区含有三级及以下等级信息系统时，通用管理要求等同采
　　用三级基本要求。（新增）

释义： 在管理要求中，管理基本要求采用"就高原则"选取。如果本单位管理信息大区中同时含有二级系统和三级系统，二级系统和三级系统的通用管理要求均应采用三级基本要求。

4.2　第一级基本要求释义

4.2.1　物理安全

4.2.1.1　物理访问控制（G1）

机房出入应安排专人负责，控制、鉴别和记录进出的人员。

释义： 机房是系统运行最核心的区域，为避免非专业人员以及未经授权的人员进入机房接触、操作或破坏设备，并且在发生事故后可以进行追查，机房各出入口应安排专人负责，非专责人员或者来访人员进入机房应由相关责任人全程带领陪同，并对进出机房人员的信息进行鉴别、记录，对其行动情况进行监控。

4.2.1.2　防盗窃和防破坏（G1）

本项要求包括：

a）应将主要设备放置在机房内；

释义： 主要设备主要包括服务器、通信设备、UPS、空调等，将主要设备都部署在机房内部，一方面可以保证这些设备自身的物理环境安全，另一方面可以降低设备被非授权人员误操作的风险，同时也便于机房的统一规划和设备的管理与维护。

b）应将设备或主要部件进行固定，并设置明显的不易除去的标记。

释义： 将设备或者主要部件进行固定是指将设备通过导轨、螺丝钉等方式

固定在机柜上,一方面可以防止因自然灾害或者人为误碰导致设备移位甚至跌落而损坏设备,另一方面可以提高设备被盗窃或破坏的难度,降低失窃风险;设置明显不易除去的标记可以使维护人员容易区分设备和明确其功能、重要程度等,在机房的管理、维护人员发生变更时,可以使这些人员快速掌握设备情况,便于进行管理、维护。

4.2.1.3 防雷击(G1)

机房建筑应设置避雷装置。

↓释义: 雷击是一种常见的自然灾害。防雷,是指通过组成拦截、疏导最后泄放入地的一体化系统方式以防止由直击雷或雷电的电磁脉冲对建筑物本身或其内部设备造成损害的防护技术,为防止雷击和感应雷对电子设备的损害,机房所在建筑物应设置避雷装置,一般采取避雷针、防雷网(带)、接闪器等装置捕获雷电并通过引下线和接地体把雷电引入大地,防止雷击对设备的损害。

4.2.1.4 防火(G1)

机房应设置灭火设备。

↓释义: 火灾会对机房造成毁灭性的破坏,机房应配备灭火设备。灭火设备不宜采用干粉、泡沫灭火器,建议采用七氟丙烷、三氟甲烷等灭火器,灭火设备应安置在显眼的位置,并建立相关检查和维护记录以确保灭火设备的可用性和有效性。

4.2.1.5 防水和防潮(G1)

本项要求包括:

a)应对穿过机房墙壁和楼板的水管增加必要的保护措施;

↓释义: 机房内的绝大部分设备都属于电子设备,一旦漏水或受潮可能会使电子设备出现漏电甚至短路等情况,防水是保障机房电子设备正常运行的关键环节。与机房相关的给排水管道应采取可靠的防渗漏措施,比如空调、除湿机的给排水管道应设置在机房边缘直接排到机房外部,并且相关连接部位应进行防渗漏处理。

b)应采取措施防止雨水通过机房窗户、屋顶和墙壁渗透。

↓释义: 雨水是机房漏水、渗水的重要来源,而雨水一般通过窗口、屋顶和墙壁进入机房,因此应对其采取防水和防渗漏措施。例如对窗户进行密封处理或拆除窗户，机房粉刷防水涂层等，对于出现过渗水屋顶和墙壁，应及时采取防渗透处理措施并对可能被渗透水危害设备进行重点保护，同时也应考虑机房的选址是否合理、建筑质量是否合格。

4.2.1.6 温湿度控制（G1）

机房应配置必要的温、湿度控制设施，使机房温、湿度的变化在设备运行所允许的范围之内。

> **释义：** 机房中理想的空气温度范围为 18～28℃，湿度范围为 40%～55%，高温会影响机房设备的正常运行，甚至造成设备宕机，高湿度可能会在天花板、墙面及设备表面形成水珠，甚至可能造成连接点腐蚀问题，湿度过低则增加了静电产生的危害。因此，机房应设置必要的温、湿度监控和调节措施，使机房温、湿度的变化在设备运行所允许的范围之内。例如，部署精密空调或采用普通空调/中央空调和加湿机/除湿机，并结合人工方式对机房内各个检测点的温、湿度进行定期巡检、记录，以达到控制机房内温、湿度的目的。

4.2.1.7 电力供应（A1）

应在机房供电线路上配置稳压器和过电压防护设备。

> **释义：** 稳压器是使输出电压稳定的设备；过电压是指当电压超过预定最大值时，使电源断开或使受控设备电压降低的一种保护方式，稳定、充足的电力供应是维持系统持续正常工作的重要条件。许多因素会威胁到电力系统安全稳定运行，最常见的是电力波动，电力波动对一些精密的电子配件会造成严重的物理损害。因此，应控制电力的波动范围在 10% 以内。机房供电线路上一般通过部署稳压器和过电压防护设备来减小电力波动对电子设备的影响。

4.2.2 网络安全

4.2.2.1 结构安全（G1）

本项要求包括：

a）应保证关键网络设备的业务处理能力满足基本业务需要；

> **释义：** 为了保证关键网络设备具备足够的数据处理能力，应定期检查核心、汇聚、接入等网络设备系统资源占用情况，确保网络设备的业务处理能力。

b）应保证接入网络和核心网络的带宽满足基本业务需要；

> **释义：** 为了保证业务系统具有连续性，系统高峰运行时所占的带宽不应超

过核心网络和接入网络设计带宽的 70%，确保突发情况下网络可有一定的带宽冗余保障业务系统正常运行。

c）应绘制与当前运行情况相符的网络拓扑结构图。

↳**释义：** 为了便于网络管理和运维，应绘制与当前运行情况相符的网络拓扑结构图并及时更新，拓扑图应至少包括网络的整体架构，存在的网络边界，主要的系统、网络设备、安全设备的部署和冗余情况。

4.2.2.2　访问控制（G1）

本项要求包括：

a）应在网络边界部署访问控制设备，启用访问控制功能；

↳**释义：** 为了防止非授权访问，应在网络边界处部署访问控制设备，保护内部系统的安全。能够启用访问控制功能的设备包括网闸、防火墙、具有访问控制列表（ACL）功能的三层路由器、交换机等。

b）应根据访问控制列表对源地址、目的地址、源端口、目的端口和协议等进行检查，以允许/拒绝数据包出入；

↳**释义：** 在网络中部署控制功能网络设备，对源地址、目的地址、源端口、目的端口和协议等进行检查，对数据包进行控制。

c）应通过访问控制列表对系统资源实现允许或拒绝用户访问，控制粒度至少为用户组。

↳**释义：** 为了防止非授权访问，有访问控制功能的设备应为数据流提供明确源/目的地址及端口的允许、拒绝访问的能力，从而保护内部系统的安全。一般来说，在网络边界防火墙和具有访问控制功能的交换机、路由器上配置访问控制列表对进出网络的流量进行过滤，控制粒度至少为用户组。

4.2.2.3　网络设备防护（G1）

本项要求包括：

a）应对登录网络设备的用户进行身份鉴别；

↳**释义：** 一般来说，网络设备管理用户登录网络设备方式包括：利用控制台端口（Console）通过串口进行本地连接登录。利用辅助端口（AUX）通过 MODEM进行远程拨号连接登录或者利用虚拟终端（VTY）通过 TCP/IP 网络进行远程SSH 登录等。为了防止非授权人员对网络设备的非法访问，应在登录网络设备时对用户身份进行鉴别，并根据使用身份设置权限（如日常维护、审计等），避免使用特权用户身份进行日常操作。

b）应具有登录失败处理功能，可采取结束会话、限制非法登录次数和当网络登录连接超时自动退出等措施；

▶**释义：** 为了防止恶意猜解口令，应限制非法登录的次数，例如为 3 次；为了防止越权访问，避免一个空闲的任务一直占用登录资源，应配置设备远程和本地登录超时退出。以 Cisco 路由器为例，可以利用 exec-timeout 命令，配置 VTY 的超时，避免一个空闲的任务一直占用 VTY。

c）当对网络设备进行远程管理时，应采取必要措施防止鉴别信息在网络传输过程中被窃听。

▶**释义：** 当对网络设备进行远程管理时，为避免鉴别信息在传输过程中被窃听，不应当使用明文传送的 Telnet、HTTP 服务，而应当采用 SSH、HTTPS 等加密协议进行交互式管理。

4.2.3 主机安全

4.2.3.1 身份鉴别（S1）

应对登录操作系统和数据库系统的用户进行身份标识和鉴别。

▶**释义：** 为了防止未授权的访问者进入操作系统和数据库系统获取信息或进行恶意操作，必须对操作系统和数据库系统的用户进行身份标识，并在其登录系统时对其身份进行鉴别和认证。操作系统和数据库系统应配置策略，要求访问用户在登录系统时，提交身份鉴别信息，如，用户名/口令。经系统鉴别和认证后，方允许用户进行访问。

4.2.3.2 访问控制（S1）

本项要求包括：

a）应启用访问控制功能，依据安全策略控制用户对资源的访问；

▶**释义：** 访问控制是指根据用户的身份及其业务需求规定其对信息资源的访问和使用权限。访问控制的功能主要有：防止非法的主体进入操作系统和数据库系统；允许合法用户访问操作系统和数据库系统；防止合法的用户对操作系统和数据库系统进行非授权的访问。对于操作系统和数据库系统而言，常用的保护措施包括定义用户的文件访问权限、分配角色权限和限制文件共享功能。例如，对于 Windows 操作系统，普通用户对于系统重要文件的权限仅为"列出文件夹内容"、"读取"，且关闭默认共享；Linux 操作系统中普通用户对于系统重要文件的权限仅为只读；数据库系统中用户仅具有其所需的最小权限。

b）应限制默认账户的访问权限，重命名系统默认账户，修改这些账户的默认口令；

释义： 默认账户是指在操作系统和数据库系统中自带的一些账户，在未经过安全配置前，默认账户存在默认口令。这些默认账户及口令的存在，导致恶意用户/非授权用户能够直接通过默认账户，轻易地获取系统的访问权限，从而获取重要信息或者执行恶意操作。因此，在实际使用当中，应当关闭或锁定默认账户、更改默认账户名称、修改默认口令等，以防范非授权用户的越权访问。

常见默认账户/默认口令有：

Windows 操作系统：Administrator、Guest；

Linux/UNIX 操作系统：root/root；同时应在 etc/passwd 文件中，对以下默认缺省账号进行注释：lp，sync，shutdown，halt，news，uucp，operator，games，gopher；

Oracle 数据库：system/manager、sys/change_on_install、sysman/sysman、dbsnmp/dbsnmp、scott/tiger、outln/outln、adams/wood、jones/steel、clark/cloth、blake/paper；

SQL Server 数据库：sa/Null。

c）及时删除多余的、过期的账户，避免共享账户的存在。

释义： 多余和过期账户如不及时删除，存在被恶意利用的风险。共享账户会导致审计困难，造成事件难以追溯。应避免出现多余、过期和共享账户。

4.2.3.3 入侵防范（G1）

操作系统应遵循最小安装的原则，仅安装需要的组件和应用程序，并保持系统补丁及时得到更新。

释义： 最小安装原则，是指系统安装完成后，根据业务功能需要，关闭不必要的服务、组件、端口、应用程序等。保持系统补丁及时更新，则是在保证系统稳定性的前提下，及时对已发布的系统漏洞进行补丁安装。

4.2.3.4 恶意代码防范（G1）

应安装防恶意代码软件，并及时更新防恶意代码软件版本和恶意代码库。

释义： 恶意代码目前主要包括恶意软件及计算机代码两大类。恶意软件常见的有：间谍软件、恶意共享软件等；恶意计算机代码常见的有：病毒、木马、蠕虫、后门、逻辑炸弹等。这些恶意代码的存在会导致系统重要信息被窃取、网络攻击、系统遭破坏等恶性安全事件，从而影响系统的安全性和业务连续性。管理类信息系统需重点防范来自互联网的安全威胁，操作系统应安装防恶意代码软件，并及时更新防恶意代码软件及其恶意代码库，以防止系统遭受恶意代码侵害。

4.2.4 应用安全

4.2.4.1 身份鉴别（S1）

本项要求包括：

a）应提供专用的登录控制模块对登录用户进行身份标识和鉴别；

↳释义： 为了防止应用系统被非法入侵和越权访问，应用系统应具有专用的身份鉴别模块对登录系统的用户身份的合法性进行核实，只有通过系统身份验证的用户才能登录系统并在系统规定的权限内进行操作。

b）应提供登录失败处理功能，可采取结束会话、限制非法登录次数和自动退出等措施；

↳释义： 为了防止未授权用户对应用系统的身份鉴别信息进行暴力破解（如采用穷举法）和避免一个空闲的任务一直占用登录资源，应用系统应提供登录失败处理功能，如限制用户登录失败次数和超时自动退出等。

c）应启用身份鉴别和登录失败处理功能，并根据安全策略配置相关参数。

↳释义： 为了提高应用系统的安全可用性，应用系统应提供身份鉴别、用户身份标识唯一性检查、用户身份鉴别信息复杂度检查以及登录失败处理功能，并提供上述功能模块的参数配置，在实际应用中要求应用系统提供诸如口令复杂度设置功能、用户名唯一性检查功能、登录失败次数设置功能、登录失败处理方式设置功能等。

4.2.4.2 访问控制（S1）

本项要求包括：

a）应提供访问控制功能，控制用户组/用户对系统功能和用户数据的访问；

↳释义： 访问控制是指根据用户的身份及其业务需求规定其对信息资源的访问和使用权限，应用系统的访问控制功能是为了防止应用系统的资源（如文件、数据库表等）被越权使用。

b）应由授权主体配置访问控制策略，并严格限制默认用户的访问权限。

> **释义：** 应由授权主体来配置访问控制策略，对默认用户的客体访问权限进行严格限制，一般仅赋予默认账户最低级别的权限。在这里授权主体可以是应用管理员或者超级用户，而默认用户是指应用系统的公共用户、默认用户或者测试用户等，客体则是指应用系统的功能、文件或者数据库表等。

4.2.4.3　通信完整性（S1）

应采用约定通信会话方式的方法保证通信过程中数据的完整性。

> **释义：** 通信完整性是指保护数据防止其在传输过程中被篡改或丢失，通信完整性可以抵制主动威胁，以保证接收者收到的信息与发送者发送的信息完全一致，确保信息的真实完整性。通信双方可采用校验码技术或密码技术（如利用 Hash 函数）来保证通信过程中数据的完整性。

4.2.4.4　软件容错（A1）

应提供数据有效性检验功能，保证通过人机接口输入或通过通信接口输入的数据格式或长度符合系统设定要求。

> **释义：** 软件容错技术主要考虑应用程序对错误（故障）的检测能力、处理能力、恢复能力。应用系统应具备对数据的有效性的验证功能，主要验证通过人机接口（如程序的界面）输入或通信接口输入的数据的格式、长度或类型是否符合系统设定的要求，防止用户输入畸形数据而导致系统出错，或防止一些注入类型的攻击，如 SQL 注入攻击等，从而影响系统的正常使用甚至危害系统的安全。

4.2.5　数据安全及备份恢复

4.2.5.1　数据完整性（S1）

应能够检测到重要用户数据在传输过程中完整性受到破坏。

> **释义：** 为了保证用户重要数据在传输的过程中免受未授权的破坏，在系统的管理数据、重要业务数据在传输过程中对完整性进行检测（如利用 Hash 函数）。

4.2.5.2　备份和恢复（A1）

应能够对重要信息进行备份和恢复。

> **释义：** 为了防止系统数据的丢失与损坏，系统应对重要信息进行备份，并按照需要进行数据恢复。

4.2.6　安全管理制度

4.2.6.1　管理制度（G1）

应建立日常管理活动中常用的安全管理制度。

> **释义：** 安全管理制度是对信息系统的建设、开发、运维、升级和改造等各个环节所应当遵循的行为进行规范。包括安全组织的设立、人员的安全管理，系统建设及运维相关安全管理制度等；安全管理制度须覆盖物理、网络、主机系统、数据、应用等层面。

4.2.6.2　制定和发布（G1）

本项要求包括：

a）应指定或授权专门的人员负责安全管理制度的制定；

> **释义：** 规范信息安全管理制度的制定，是保证制度的正式性、权威性的基础。通常指定或授权信息安全归口管理部门编写制定信息安全管理制度。

b）应将安全管理制度以某种方式发布到相关人员手中。

> **释义：** 信息安全各项管理制度应具备统一的格式并进行版本控制，通过论证和评审后，经某种方式（如办公平台）进行正式发文，分发给相关人员。

4.2.7　安全管理机构

4.2.7.1　资金保障（G1）

应保障信息系统安全建设、运维、检查、等级保护测评及其他信息安全资金。（**新增**）

> **释义：** 根据《电力行业网络与信息安全监督管理暂行规定》的相关要求，为有利于信息安全相关工作的有效开展，应保障信息系统安全建设、运维、检查、等级保护测评及其他信息安全资金。

4.2.7.2　岗位设置（G1）

应设立系统管理员、网络管理员、安全管理员等岗位，并定义各个工作岗位的职责。

> **释义：** 应设立系统管理员、网络管理员、安全管理员等岗位，如系统管理员负责系统的安全配置、账户管理、系统升级等方面；而网络管理员则侧重于对整个网络结构的安全、网络设备（包括安全设备）的正确配置等工作；安全管理

员则侧重于系统的安全性，负责日常操作系统、网管系统、邮件系统的安全补丁、漏洞检测及修补、病毒防治等工作。对各种岗位的职责进行明确的定义，有利于更好地明确职责、落实责任。

4.2.7.3 人员配备（G1）

应配备一定数量的系统管理员、网络管理员、安全管理员等。

释义： 为了防止人员变化造成的工作停顿，应配备一定数量的系统管理员、网络管理员、安全管理员等，理想状态各个岗位均有备岗。

4.2.7.4 授权和审批（G1）

应根据各个部门和岗位的职责明确授权审批部门及批准人，对系统投入运行、网络系统接入和重要资源的访问等关键活动进行审批。

释义： 信息系统生命周期的每个阶段都涉及了许多重要的环节与活动，为保证这些环节与活动的顺利实施及可控，应对这些环节与活动的实施进行授权与审批。这不仅是质量方面的要求，也是为了避免由于管理上的漏洞或工作失误而埋下安全隐患，为保证发生安全问题时能有据可查，应以文件的形式明确授权与审批制度，明确授权审批部门、批准人、审批程序、审批事项、审批范围等内容。关键活动对整个系统的安全性有很大影响，必须经批准人签字确认，以便事后检查和区分责任。

4.2.7.5 沟通和合作（G1）

应加强与电力监管机构、公安机关及相关单位和部门的合作与沟通。（增强）

释义： 为了及时了解信息安全动态，获取信息安全最新政策，应当加强和电力监管机构、公安机关、兄弟单位等的合作与沟通，及时就相关安全工作的问题与经验进行交流，共同促进信息安全工作建设，提高企业的整体安全防护能力。

4.2.8 人员安全管理

4.2.8.1 人员录用（G1）

本项要求包括：

a）应指定或授权专门的部门或人员负责人员录用；

释义： 在信息安全中，最活跃的因素是人，为确保恰当的人被录用，应指定专门人员或部门负责人员录用。

b）应对被录用人员的身份和专业资格等进行审查，并确保其具有基本的专业技术水平和安全管理知识。

释义： 聘用员工时进行充分筛选、审核和考核。关键岗位人员需要进行安全管理水平测试。

4.2.8.2 人员离岗（G1）

本项要求包括：

a）应立即终止由于各种原因离岗员工的所有访问权限；

释义： 应立即终止由于解雇、退休、辞职、合同到期或其他原因离岗员工的所有访问权限。

b）应收回其各种身份证件、钥匙、徽章等以及机构提供的软硬件设备。（**落实**）

释义： 为避免离岗人员给信息系统带来的安全隐患，由于解雇、退休、辞职、合同到期或其他原因离开单位的人员在离开前，都必须到单位人事部门办理严格的调离手续，包括交回单位提供的相关证件、徽章、密钥、访问控制标识、单位配给的设备等。

4.2.8.3 安全意识教育和培训（G1）

本项要求包括：

a）应按照行业要求，制定安全教育和培训计划，对信息安全基础知识、岗位操作规程等进行的培训应至少每年举办一次。（**新增**）

释义： 应制定安全教育和培训计划，明确培训目的、培训方式、培训对象、培训内容、培训时间和地点等，培训内容包含信息安全基础知识、岗位操作规程等，并且定期进行，至少每年举办一次。

b）应对各类人员进行安全意识教育和岗位技能培训；

释义： 安全意识教育和培训是对人员的职责、安全意识、安全技能等方面进行提高，保证人员具有与岗位职责相适应的安全技术能力和管理能力，以减少人为操作失误给系统带来的安全风险。

c）应告知人员相关的安全责任和惩戒措施。

释义： 应将安全责任和惩戒措施告知相关人员。对违反违背安全策略和规定的人员进行惩戒，制定具体的惩戒措施。

4.2.8.4 外部人员访问管理（G1）

应确保在外部人员访问受控区域前得到授权或审批。

↳释义： 外部人员包括向单位提供技术服务的外来人员，如软硬件维护和支持人员、贸易伙伴或合资伙伴、清洁人员、送餐人员、保安、包括支持人员、学生、短期临时工作人员和安全顾问等，应当根据安全风险，对他们采取适当的管理措施，对受控区域访问采取授权或审批是一种有效的管理措施。

4.2.9 系统建设管理

4.2.9.1 系统定级（G1）

本项要求包括：

a）应明确信息系统的边界和安全保护等级；

↳释义： 为明确信息系统边界和安全等级，需了解信息系统划分的方法，梳理不同系统之间的边界关系，确保根据《GB/T 22240—2008 信息安全技术信息系统安全等级保护定级指南》完成信息系统安全保护等级的定级。

b）应以书面的形式说明信息系统确定为某个安全保护等级的方法和理由；

↳释义： 根据《GB/T 22240—2008 信息安全技术 信息系统安全等级保护定级指南》，以书面的形式定义已确定安全保护等级的信息系统的属性，描述信息系统划分的方法和理由，包括功能、业务、网络、硬件、软件、数据、边界、人员等，说明确定等级的理由并形成文档。

c）信息系统定级结果应通过电力监管机构的审批。（细化）

↳释义： 信息系统定级结果应具有合理性和正确性，参照《GB/T 22240—2008 信息安全技术 信息系统安全等级保护定级指南》，对信息系统定级结果的合理性和正确性进行专家评审和论证，保证信息系统定级结果准确，可以通过电力监管机构的批准。

4.2.9.2 安全方案设计（G1）

a）应根据系统的安全保护等级选择基本安全措施，依据风险分析的结果补充和调整安全措施；

↳释义： 根据系统所确定的级别，在物理安全、网络安全、主机安全、应用安全、数据安全、安全管理等方面选用对应的安全措施及方法，并对系统进行风险评估及分析，根据分析结果，对已有的安全措施进行补充和调整。

b）应以书面的形式描述对系统的安全保护要求和策略、安全措施等内容，形成系统的安全方案；

> **释义：** 应根据信息系统的等级划分情况，以书面的形式描述对系统的安全保护要求和策略、安全措施等内容，生成相关文件，形成完整的安全方案。

c）应对安全方案进行细化，形成能指导安全系统建设、安全产品采购和使用的详细设计方案。

> **释义：** 细化已制定的安全方案，安全设计方案的内容可能包括：系统的安全隐患与对策分析、系统的体系结构及拓扑设计、系统的业务流程实现过程、系统的安全体系与其他平台的关系、系统在物理、网络、主机系统、应用、数据以及管理层面的不同设计要求、设计目标、性能要求、接口要求、资源如何分配等。

4.2.9.3　产品采购和使用（G1）

a）应确保安全产品采购和使用符合国家的有关规定；

> **释义：** 安全产品采购需按照机构一定的采购流程或要求进行，确保安全产品在符合国家有关规定的前提下，满足系统的需要。

b）电力系统重要设备及专用信息安全产品应通过国家及行业监管部门推荐的专业机构的安全性检测后方可采购使用。（新增）

> **释义：** 为确保采购产品的安全性，对电力系统重要设备及专用信息安全产品在采购使用前，必须通过国家及行业监管部门推荐的专业机构的安全性检测，并出具合格的检测报告。

4.2.9.4　自行软件开发（G1）

a）应确保开发环境与实际运行环境物理分开；

> **释义：** 为确保自行开发软件安全性，在自主开发过程中应具备相应的控制措施，需在独立的模拟环境中编写、调试和完成；自行开发软件的开发环境场所必须与系统实际运行环境实现物理分开，不可交叉。

b）应确保软件设计相关文档由专人负责保管。

> **释义：** 应设置专门岗位指定专人负责保管自行开发软件所涉及的各类文档（应用软件设计程序文件、源代码文档等），包括过程文档、代码、成果等电子的和纸质的文档等，应限制使用人员范围并进行使用登记。

4.2.9.5 外包软件开发（G1）

本项要求包括：

a）应根据开发要求检测软件质量；

▷释义： 为确保外包软件开发安全性，在外包软件开发前应对软件开发单位以书面文档形式规范软件外包开发单位的责任、开发过程中的安全行为、开发环境要求和软件质量等相关内容，根据相关文档检测软件质量。

b）应在软件安装之前检测软件包中可能存在的恶意代码；

▷释义： 软件安装之前应由开发商和委托方共同参与，使用第三方商业产品来检测软件中的恶意代码，确保软件使用安全。

c）应确保提供软件设计的相关文档和使用指南。

▷释义： 软件开发单位应以书面文档形式提供能够独立对软件进行安装、配置、日常维护和使用所需的相关文档，以有利于运维人员和用户使用软件。

4.2.9.6 工程实施（G1）

应指定或授权专门的部门或人员负责工程实施过程的管理。

▷释义： 为了监督、督促工程实施单位的工作，委托建设方最好指定或授权专门的人员或部门负责工程实施过程的管理与协调，要求根据实施方案进行实施，必要时可以请工程监理控制项目的实施过程。

4.2.9.7 测试验收（G1）

本项要求包括：

a）应对系统进行安全性测试验收；

▷释义： 为保证工程建设是按照既定方案和要求实施的，在工程实施完成之后，系统交付使用之前，委托建设方应指定或授权专门的部门按照系统测试验收管理制度要求、设计方案或合同要求进行系统的安全测试验收。如果委托建设方本身没有能力自行测试验收，也可以委托公正的第三方测试单位对系统进行测试。

b）在测试验收前应根据设计方案或合同要求等制定测试验收方案，在测试验收过程中应详细记录测试验收结果，并形成测试验收报告。

▷释义： 应制定并检查工程测试验收方案，查看其是否对参与验收部门、人员、现场操作过程等进行要求。在测试过程中需详细记录测试时间、人员、操作过程、测试结果等方面内容，并文档化形成测试报告。

4.2.9.8 系统交付（G1）

本项要求包括：

a）应制定系统交付清单，并根据交付清单对所交接的设备、软件和文档等进行清点；

>**释义：** 交付阶段，系统委托建设方和承建方都应按照委托协议或其他协议而形成的交接清单进行交付工作，交接工作需按照该手续办理，保证交付工作能够按照既定的要求顺利完成；系统交付清单需满足合同的有关要求，应根据交接清单对所交接的设备、文档、软件等进行清点，必要时应对交付工作进行制度化要求。

b）应对负责系统运行维护的技术人员进行相应的技能培训；

>**释义：** 系统交付工作不仅是简单的交接工作，由于系统的安装、配置、开发等过程都是由建设方负责，委托方在这些方面较为生疏，而委托方却是系统的主要使用者，因此，在交付后，建设方需承担一段时间的技术支持工作（如培训、维护等服务），通过培训教育，保证委托方指定的运维技术人员能够熟练、顺利的对系统进行运行维护。

c）应确保提供系统建设过程中的文档和指导用户进行系统运行维护的文档。

>**释义：** 需确保建设方提供系统建设文档（如系统建设方案）、指导用户进行系统运维的文档（如服务器操作规程书）以及系统培训手册等文档。

4.2.9.9 安全服务商选择（G1）

本项要求包括：

a）应确保安全服务商的选择符合国家的有关规定；

>**释义：** 需根据国家的相关规定选择安全服务商，可考量如安全服务资质、安全服务业绩、公司规模、安全服务人员资质等。

b）应与选定的安全服务商签订与安全相关的协议，明确约定相关责任。

>**释义：** 信息系统建设过程涉及安全咨询、规划、设计、实施、监理、培训、维护和响应、检测评估等各方面的安全服务，这些服务渗透到信息系统的方方面面，这就使得信息安全服务提供商有机会在使用者毫不知情的情况下，在服务或技术产品中隐埋下各种各样的不安全因素。为了减少或者杜绝这些服务可能带来的新的安全问题，应使用可信的安全服务，因此，在选择安全服务商的时候，应

选择那些已获得相关资质，并签订相关的安全协议，明确安全责任。

4.2.10 系统运维管理

4.2.10.1 环境管理（G1）

本项要求包括：

a）应指定专门的部门或人员定期对机房供配电、空调、温湿度控制等设施进行维护管理；

> **释义：** 为了确保机房内主机和网络设备的运行环境良好和安全，单位应明确指定专门的部门或人员定期对单位物理机房的供电、配电、空调、温湿度控制等设施进行日常维护和日常管理。

b）应对机房的出入、服务器的开机或关机等工作进行管理；

> **释义：** 为了确保机房的运行环境安全，单位应明确规定单位物理机房的出入、服务器的开机或关机等，对相关工作进行管理。

c）应建立机房安全管理制度，对有关机房物理访问，物品带进、带出机房和机房环境安全等方面的管理作出规定。

> **释义：** 为了确保机房的运行环境良好和安全，单位应对机房物理访问，物品带进、带出机房和机房环境安全等方面制定一系列规定，建立机房安全管理制度。

4.2.10.2 资产管理（G1）

应编制与信息系统相关的资产清单，包括资产责任部门、重要程度和所处位置等内容。

> **释义：** 明确资产是信息安全风险分析和管理的基础。为了对信息系统相关的资产包括信息、各种客户端、服务器、网络设备、软件、存储介质及各种相关设施等实施有效的管理，需要按照单位内部相关制度要求，编制与信息系统所有相关的资产清单，资产清单内容应详细准确，要包含资产的责任部门、资产的重要程度、资产所在位置等内容。

4.2.10.3 介质管理（G1）

本项要求包括：

a）应确保介质存放在安全的环境中，对各类介质进行控制和保护；

> **释义：** 数据存储介质主要包括移动硬盘、磁带、光盘、纸介质等，为了防止介质中存储的数据丢失或破坏造成的信息泄密、不可用等问题，单位应对介质

的存放环境、使用、维护和销毁等作出详细的规定，妥善管理介质。

b）应对介质归档和查询等过程进行记录，并根据存档介质的目录清单定期盘点。

> **释义：** 为了保证介质的有序、正确、合理地分发使用，单位应对介质归档和查询等进行登记记录，定期盘点介质的目录清单。

4.2.10.4 设备管理（G1）

本项要求包括：

a）应对信息系统相关的各种设备、线路等指定专门的部门或人员定期进行维护管理；

> **释义：** 为了保证信息系统相关的各种设备包括服务器、终端计算机、工作站、便携机、网络设备、安全设备、存储设备等的正常稳定运行，单位应指定专门的部门或者人员定期进行维护管理。

b）应建立基于申报、审批和专人负责的设备安全管理制度，对信息系统的各种软硬件设备的选型、采购、发放和领用等过程进行规范化管理。

> **释义：** 为了规范管理各种软硬件设备的选型、采购、发放和领用，单位建立基于申报、审批和专人负责的设备安全管理制度，保证这些设备的正常运行，并认真做好使用和维护记录。

4.2.10.5 网络安全管理（G1）

本项要求包括：

a）应指定人员对网络进行管理，负责运行日志、网络监控记录的日常维护和报警信息分析和处理工作；

> **释义：** 为了保障系统网络稳定运行，单位应指派工作人员对网络进行严格管理，对网络的各项安全记录分析，对发生的网络安全事件及时预警，并做好善后处理工作。

b）应定期进行网络系统漏洞扫描，对发现的网络系统安全漏洞进行及时的修补。

> **释义：** 为避免漏洞被利用，对网络设备存在的漏洞要定期进行漏洞扫描，对发现的网络系统的安全漏洞及时修补。

4.2.10.6 系统安全管理（G1）

本项要求包括：

a）应根据业务需求和系统安全分析确定系统的访问控制策略；

> **释义：** 为了保障系统的安全稳定的运行，单位根据工作需求和业务系统安全分析确定访问控制策略。

b）应定期进行漏洞扫描，对发现的系统安全漏洞进行及时的修补；

> **释义：** 为了防止系统存在漏洞风险，单位应定期进行漏洞扫描，及时修补发现的系统安全漏洞。

c）应及时安装系统补丁程序，在安装系统补丁前，应首先在测试环境中测试通过，并对重要文件进行备份后，方可实施系统补丁程序的安装。（增强）

> **释义：** 系统安全管理也应当按照相应的管理制度和操作规程进行，依据制度要求的安全策略，安装系统的最新补丁程序。在安装系统补丁前，首先应在测试环境中测试补丁，测试通过后对重要文件进行备份后，方可实施系统补丁程序的安装，避免代码冲突影响系统的安全稳定运行。

4.2.10.7 恶意代码防范管理（G1）

应提高所有用户的防病毒意识，告知及时升级防病毒软件，在读取移动存储设备上的数据以及网络上接收文件或邮件之前，先进行病毒检查，对外来计算机或存储设备接入网络系统之前也应进行病毒检查。

> **释义：** 恶意代码对信息系统的危害极大，并且传播途径有多种方式，因此对恶意代码的防范比较困难，提高所有用户防病毒意识，及时发布防病毒软件版本，在打开文件之前，先进行病毒检查，对外来设备接入网络系统之前也应进行病毒检查。

4.2.10.8 备份与恢复管理（G1）

本项要求包括：

a）应识别需要定期备份的重要业务信息、系统数据及软件系统等；

> **释义：** 备份是确保数据意外丢失或损坏时及时加以恢复的重要手段，单位应对信息进行重要性识别，对识别后需要备份的重要业务信息、系统数据及软件系统要定期进行备份。

b）应规定备份信息的备份方式、备份频度、存储介质、保存期等。

> **释义：** 备份是确保数据意外丢失或损坏时及时加以恢复的重要手段，应建立备份、恢复等相关安全管理制度，详细规定备份信息的备份方式、备份频度、存储介质和保存期等内容。

4.2.10.9　安全事件处置（G1）

本项要求包括：

a）应报告所发现的安全弱点和可疑事件，但任何情况下用户均不应尝试验证弱点；

> **释义：** 尝试验证弱点，可能发生一些事先无法预计的安全事件，工作人员应及时报告所发现的安全弱点和可疑事件，保证系统的任何问题及存在的漏洞无法被尝试验证。

b）应制定安全事件报告和处置管理制度，规定安全事件的现场处理、事件报告和后期恢复的管理职责。

> **释义：** 信息系统在运行过程中，为确保安全事件能够得到及时有效的处置，应制定安全事件报告和处置管理制度，详细制定关于安全事件的类型、安全事件的现场处理、事件总结报告和事件结束后的后期恢复管理等内容。

4.3　第二级基本要求释义

4.3.1　物理安全

4.3.1.1　物理位置的选择（G2）

机房和办公场地应选择在具有防震、防风和防雨等能力的建筑内。

> **释义：** 地震、强风、暴雨等自然灾害是影响信息系统物理安全的重大威胁。因此，机房和办公场地应根据所在地的实际情况选择具有基本的防震、防风和防雨等能力的建筑物内。例如，有些地区位于地震活跃区，发生地震灾害的可能性较大，则应提高机房建筑的抗震等级；在我国东南沿海台风、暴雨等出现频率较高的地方，应着重加强建筑的防风、防雨能力建设，确保机房在遭遇大风、暴雨天气时能不漏风、不进水，保证设备安全。

4.3.1.2　物理访问控制（G2）

本项要求包括：

a）机房出入口应安排专人值守或配置电子门禁系统，控制、鉴别和记录人员出入情况；（增强）

> **释义：** 机房是系统运行最核心的区域，为避免非专业人员以及未经授权的人员进入机房接触、操作或破坏设备，并可在发生事故后进行追溯，机房各出入

口应安排专人值守或配置电子门禁系统，控制进出人员范围、鉴别人员身份和记录进入、离开的时间等信息。机房的门禁系统应利用门禁识别卡、指纹等物理和生物识别方式只对机房专责人员开放，非专责人员或者来访人员进入机房应由相关责任人全程带领陪同，并对相关人员的信息、行动情况进行监控、鉴别和记录。

b）需进入机房的来访人员应经过申请和审批流程，并限制和监控其活动范围。

↘释义： 为防止来访人员在未经批准的情况下进入机房，操作机房内的设备，来访人员进入机房应经过申请和审批流程，明确进出人员和活动范围。由专人全程陪同进入机房，限制并监控进入人员活动范围，具有按照重要程度划分机房区域进行物理访问控制的机房仅对其开放申请访问区域，并采用视频监控的方式限制和监控其活动范围。

4.3.1.3 防盗窃和防破坏（G2）

本项要求包括：

a）应将主要设备放置在机房内；

↘释义： 主要设备主要包括服务器、通信设备、UPS、空调等，将主要设备都部署在机房内部，一方面可以保证这些设备自身的物理环境安全，另一方面可以降低设备被非授权人员误操作的风险，同时也便于机房的统一规划和设备的管理与维护。

b）应将设备或主要部件进行固定，并设置明显的不易除去的标记；

↘释义： 将设备或者主要部件进行固定是指将设备通过导轨、螺丝钉等方式固定在机柜上，一方面可以防止其因自然灾害或者人为误碰导致设备移位甚至跌落而损坏设备，另一方面可以提高设备被盗窃或破坏的难度，降低失窃风险；设置明显不易除去的标记可以使维护人员容易区分设备和明确其功能、重要程度等，在机房的管理、维护人员发生变更时，可以使其快速掌握设备情况，便于进行管理、维护。

c）应将通信线缆铺设在隐蔽处，可铺设在地下或管道中；

↘释义： 所谓通信线缆铺设在隐蔽的地方，一般是指铺设在地板下的管道或者线槽中，一方面可以保护线路使其不易被损坏，另一方面也使得机房整洁规范，便于机房线路的维护管理乃至升级改造。

d）应对介质分类标识，存储在介质库或档案室中；

↘释义： 所谓介质主要包括备份存储介质、纸质档案和电子档案等，这些介质对于系统维护乃至发生事故时快速恢复都会起到非常关键甚至是决定性的作用。将这些介质按功能、性质等属性进行分类标识，并存放在相应的介质库或档案室中，一方面能保证介质的安全，另一方面也便于介质的管理和维护。

e）主机房应安装必要的防盗报警设施。

释义： 对机房设置防盗报警系统主要是为了使机房管理人员能及时掌握机房的安全动态，保障机房内设备的安全。一般可以在机房内乃至机房周围设置红外感应、防盗报警等系统，在不明人员接近甚至进入机房时能对机房管理人员进行提示或报警，以起到防盗报警作用。

4.3.1.4 防雷击（G2）

本项要求包括：

a）机房建筑应设置避雷装置；

释义： 雷击是一种常见的自然灾害。防雷，是指通过组成拦截、疏导最后泄放入地的一体化系统方式以防止由直击雷或雷电的电磁脉冲对建筑物本身或其内部设备造成损害的防护技术，为防止雷击和感应雷对电子设备的损害，机房所在建筑物应设置避雷装置，一般采取避雷针、防雷网（带）、接闪器等装置捕获雷电并通过引下线和接地体把雷电引入大地，防止雷击对设备的损害。

b）机房应设置交流电源地线。

释义： 机房设置交流电源地线主要为了把感应雷引入地下，同时也避免因设备漏电或者电源零线出现问题时而对运行维护人员造成的触电等危害。

4.3.1.5 防火（G2）

机房应设置灭火设备和火灾自动报警系统。

释义： 火灾可导致信息系统毁灭性的破坏，做好机房防火工作是非常重要的任务。因此机房应设置灭火设备和火灾自动报警系统。其中灭火设备不宜采用干粉、泡沫灭火器，建议采用七氟丙烷、三氟甲烷等灭火器，灭火设备应安置在显眼的位置，并建立相关检查和维护记录以确保灭火设备的可用性和有效性。火灾自动报警系统，应能够利用烟感、温感等装置自动检测火情并自动报警，降低火灾对机房的危害。

4.3.1.6 防水和防潮（G2）

本项要求包括：

a）与主机房无关的给排水管道不得穿过主机房，相关给排水管道必须有可靠的防

渗漏措施;(**落实**)

> **释义:** 机房内的绝大部分设备都属于电子设备,一旦漏水或受潮就可能会使电子设备出现漏电甚至短路等情况,因此,与主机房无关的给排水管道严禁穿过主机房。与主机房相关的给排水管道如机房空调、除湿机等的给排水管道等,这些与机房相关的给排水管道应采用不易被水锈蚀和损坏的材质,例如采用铜管,并且应尽量设置在机房边缘,以缩短在机房内铺管长度,在埋设相应管道的地方应有明显标识,相关连接部位也应进行密封防渗漏处理,在机房使用生命周期内及时采取有效措施进行补救,以此来达到降低出现漏水风险的目的。

b)应采取措施防止雨水通过机房窗户、屋顶和墙壁渗透;

> **释义:** 雨水是机房漏水、渗水的重要来源,而雨水一般通过窗口、屋顶和墙壁进入机房,因此应对其采取防水和防渗漏措施。例如,对窗户进行密封处理或拆除窗户,机房粉刷防水涂层等,对于出现过渗水屋顶和墙壁,应及时采取防渗透处理措施并对可能被渗透水危害设备进行重点保护,同时也应考虑机房的选址是否合理、建筑质量是否合格。对于新建机房在选址时应该选择建筑内的非顶层以及非边缘区域,并封闭窗户,以此来降低雨水通过窗户、屋顶和墙壁渗透的风险。

c)应采取措施防止机房内水蒸气结露和地下积水的转移与渗透。

> **释义:** 水蒸气结露和地下积水也是机房内设备受到水影响的重要原因,应部署精密空调或者除湿装置来对空气湿度进行调节,并安装检测及报警设备进行监测,检测到地下积水要第一时间进行清除,防止地下积水的转移与渗透。

4.3.1.7 防静电(G2)

关键设备应采用必要的接地防静电措施。

> **释义:** 静电,是一种处于静止状态的电荷或者说不流动的电荷,静电可能引起电子设备的故障或误动作,造成电磁干扰,或击穿集成电路和精密的电子元件、促使元件老化,尤其是精密的电子元件对于静电极为敏感。因此应采取接地、离子风机等措施防止静电对电子设备的危害,尤其在我国北方地区,气候干燥,极易产生静电。应对机房内的主要设备和机柜等采取接地措施并保证接地良好,工作台等应采用不易产生静电的材料,以减少静电危害的发生。

4.3.1.8 温湿度控制(G2)

机房应设置温、湿度自动调节设施,使机房温、湿度的变化在设备运行所允许的范围之内。

> **释义：** 机房中理想的空气温度范围为 18~28℃，湿度范围为 40%~55%，高温会影响机房设备的正常运行，甚至造成设备死机，高湿度可能会在天花板、墙面及设备表面形成水珠，甚至可能造成连接点腐蚀问题，湿度过低则增加了静电产生的危害。因此，机房应设置温、湿度监控和自动调节措施，使机房温、湿度的变化在设备运行所允许的范围之内。例如，部署精密空调或其他温、湿度自动调节装置，并结合采用人工方式对机房内各个检测点的温、湿度进行定期巡检、记录，以达到自动控制机房内温、湿度的目的。

4.3.1.9 电力供应（A2）

本项要求包括：

a）应在机房供电线路上配置稳压器和过电压防护设备；

> **释义：** 稳压器是使输出电压稳定的设备；过电压是指当电压超过预定最大值时，使电源断开或使受控设备电压降低的一种保护方式，稳定、充足的电力供应是维持系统持续正常工作的重要条件。许多因素会威胁到电力系统，最常见的是电力波动，电力波动对一些精密的电子配件会造成严重的物理损害。因此，应控制电力的波动范围在 10% 以内。机房供电线路上一般通过部署稳压器和过电压防护设备来减小电力波动对电子设备的影响。

b）应提供短期的备用电力供应，至少满足关键设备在断电情况下的正常运行要求。

> **释义：** 电力设备的损坏、检修、改造或者自然灾害都可能造成外部电力供应的中断，电力供应的突然中断除了会造成系统服务中断外，还可能会给电子设备造成严重的物理损害。因此，应配备足够容量的不间断电源（UPS），一方面可以保证机房内的主要设备在外部电力中断的情况下仍能进行短期（一般情况下应超过半小时）的正常运行，另一方面也降低了设备被损坏的风险。

4.3.1.10 电磁防护（S2）

电源线和通信线缆应隔离铺设，避免互相干扰。

> **释义：** 强电电缆和通信线在并行铺设时，可能会产生感应电流和干扰信号，极可能导致通信线缆中传输的数据信息被破坏或者无法识别。机房布线时应把强电电缆和通信线缆隔离铺设在不同的具有电磁屏蔽作用的线槽或者管道中，以此来达到避免互相干扰的目的。

4.3.2 网络安全

4.3.2.1 结构安全(G2)

本项要求包括：

a）管理信息大区网络与生产控制大区网络应物理隔离；两网之间有信息交换时应部署符合电力系统安全防护要求的单向隔离装置；（新增）

> **释义：** 根据《电力二次系统安全防护规定》要求，电力调度数据网应当在专用通道上使用独立的网络设备组网，在物理层面上实现与电力企业其他数据网及外部公共信息网的安全隔离。为确保电力控制系统和电力调度数据网络的安全，抵御黑客、病毒、恶意代码等各种形式的恶意破坏和攻击，防止电力二次系统的崩溃或瘫痪，在生产控制大区与管理信息大区之间必须设置经国家指定部门检测认证的电力专用横向单向安全隔离装置，隔离强度应接近或达到物理隔离。电力专用横向安全隔离装置作为生产控制大区与管理信息大区之间的必备边界防护措施，是横向防护的关键设备。

b）管理信息大区网络可进一步划分为内部网络和外部网络，两网之间有信息交换的边界防护强度应强于逻辑隔离；（新增）

> **释义：** 为进一步保障管理信息大区安全，防止互联网对内部网络造成的安全威胁。管理信息大区可进一步划分为内部网络和外部网络。内部、外部网络之间应采用隔离强度强于普通硬件防火墙或具有访问控制功能的网络设备所实现的逻辑隔离。

c）电力（集团）公司应逐步统一互联网出口；（新增）

> **释义：** 为加强互联网出口管控，减少来自互联网的信息安全威胁，电力企业应根据实际情况逐步统一本级单位和下属单位的互联网出口。

d）应保证关键网络设备的业务处理能力具备冗余空间，满足业务高峰期需要；

> **释义：** 为了保证关键网络设备具备足够的数据处理能力，应定期检查核心、汇聚、接入等网络设备系统资源占用情况，确保网络设备的业务处理能力具备冗余空间。

e）应保证接入网络和核心网络的带宽满足业务高峰期需要；

> **释义：** 为了保证业务系统具有连续性，系统高峰运行时所占的带宽不应超过核心网络和接入网络设计带宽的 70%，确保突发情况下网络可有一定的带宽冗余保障业务系统正常运行。

f）应在业务终端与业务服务器之间进行路由控制建立安全的访问路径；

> **释义：** 在网络路由配置中主要有静态路由和动态路由。静态路由是指由网络管理员手工配置的路由信息，当网络的拓扑结构或链路的状态发生变化时，网

络管理员需要手工修改路由表中相关的静态路由信息。动态路由是指路由器能够自动地建立自己的路由表，并且能够根据实际情况的变化适时地进行调整。动态路由机制的运作依赖路由器的两个基本功能：对路由表的维护和路由器之间适时的路由信息交换。路由器之间的路由信息交换是基于路由协议实现的，如 OSPF 路由协议是一种典型的链路状态的路由协议，它通过路由器之间通告网络接口的状态来建立链路状态数据库，生成最短路径树，每个 OSPF 路由器使用这些最短路径构造路由表。如果使用动态路由协议应配置使用路由协议认证功能，则保证网络路由安全。

g）应绘制与当前运行情况相符的网络拓扑结构图，主要包括设备名称、型号、IP 地址等信息，并提供网段划分、路由、安全策略等配置信息；（**增强**）

释义： 为了便于网络管理和运维，应绘制与当前运行情况相符的网络拓扑结构图并及时更新，拓扑图应至少包括网络的整体架构，存在的网络边界，主要的系统、网络设备、安全设备的部署和冗余情况，并附有详细的台账和配置清单，台账内容应包括设备名称、型号、IP 地址等信息，配置清单中应包括网段划分、路由、安全策略等配置信息。当网络拓扑结构发生改变时，应及时更新网络拓扑结构图和相关台账、清单的信息。

h）应根据各部门的工作职能、重要性和所涉及信息的重要程度等因素，划分不同的子网或网段，并按照方便管理和控制的原则为各子网、网段分配地址段。

释义： 根据实际情况和安全区域防护要求，应在主要网络设备上进行 VLAN 划分。不同 VLAN 内的报文在传输时是相互隔离的，如果不同 VLAN 要进行通信，则需要通过路由器或三层交换机等三层设备实现。

4.3.2.2 访问控制（G2）

本项要求包括：

a）应在网络边界部署访问控制设备，启用访问控制功能；

释义： 为有效利用和规划 IP 地址，减少广播域，加强安全防护，为了防止非授权访问，应在网络边界处部署访问控制设备，保护内部系统的安全。能够启用访问控制功能的设备包括网闸、防火墙、具有访问控制列表（ACL）功能的三层路由器、交换机等。

b）应能根据会话状态信息为数据流提供明确的允许/拒绝访问的能力，控制粒度为端口级；（**增强**）

> **释义:** 为了防止非授权访问,有访问控制功能的设备应为数据流提供明确源/目的地址及端口的允许、拒绝访问的能力,从而保护内部系统的安全。一般来说,在网络边界防火墙和具有访问控制功能的交换机、路由器上配置访问控制列表对进出网络的流量进行过滤。

c) 应按用户和系统之间的允许访问规则,决定允许或拒绝用户对受控系统进行资源访问,控制粒度为单个用户。以拨号或 VPN 等方式接入网络的,应采用强认证方式,并对用户访问权限进行严格限制;(**增强**)

> **释义:** 为了防止未授权的用户越权访问系统,应通过配置防火墙或其他安全防护设备用户和用户组的方式,结合访问控制规则,对认证成功的用户允许访问受控资源。对通过远程采用 VPN 或拨号技术或通过其他方式连入单位网络的用户,应在基于强认证解决方案的相关设备提供用户认证功能。

d) 应限制具有拨号、VPN 等访问权限的用户数量。(**增强**)

> **释义:** 为了加强拨号和 VPN 用户的管理,防止权限的滥用,应限制通过远程采用拨号、VPN 等方式连入单位网络的用户数量。

4.3.2.3　安全审计(G2)

本项要求包括:

a) 应对网络系统中的网络设备运行状况、网络流量、用户行为等进行日志记录;

> **释义:** 为了便于监控和事后调查,需对网络设备的运行状况、网络流量、管理记录等进行监测和记录,可启用系统日志功能或采用旁路审计的方式。

b) 审计记录应包括:事件的日期和时间、用户、事件类型、事件是否成功及其他与审计相关的信息。

> **释义:** 为了保证监控和事后调查中能在审计日志中获取完整可用的信息,对于网络设备和安全设备日志审计内容至少应包括时间、类型、用户、事件类型、事件是否成功等相关信息。一般建议审计记录保存期限在半年以上。

4.3.2.4　边界完整性检查(S2)

本项要求包括:

a) 应能够对内部网络中出现的内部用户未通过准许私自连接到外部网络的行为进行检查;

> **释义:** 非法外连接行为绕过了边界安全设备的统一管理,打破了网络边界

的统一控制，为了防止内部用户私自连接到外部非受控网络，感染病毒木马导致敏感信息泄露，可采用内网安全管理系统的非法外连接监控功能或防非法外联监控软件实现对非法外连接的检查。

b）应逐步采用网络准入、终端控制、身份认证、可信计算等技术手段，维护网络边界完整性。（新增）

> ↪**释义：** 应根据网络的组网形式、用户分布特点、终端接入形式、安全要求级别等，在网络和信息系统的规划建设中依据统一的边界防护策略，逐步综合采用网络准入、终端控制、身份认证、可信计算等技术手段，维护网络边界的完整性，提升网络安全的主动防御、整体防御、综合防御能力。

4.3.2.5 入侵防范（G2）

应在网络边界处监视以下攻击行为：端口扫描、强力攻击、木马后门攻击、拒绝服务攻击、缓冲区溢出攻击、IP 碎片攻击和网络蠕虫攻击等。

> ↪**释义：** 为维护网络安全，应进行主动的网络行为检测和监控，以检查是否发生了网络入侵和攻击行为。完整的网络入侵防范应首先实现对事件的特征分析功能，以发现潜在的攻击行为。应能发现目前主流的各种攻击行为，如端口扫描、强力攻击、木马后门攻击、拒绝服务攻击、缓冲区溢出攻击、IP 碎片攻击和网络蠕虫攻击等。在现有技术条件下，主要是通过在网络边界部署包含入侵防范功能的安全设备，如入侵检测系统/入侵防御系统（IDS/IPS）、包含入侵防范模块的多功能安全网关（UTM）等，来防范网络非法入侵。

4.3.2.6 网络设备防护（G2）

本项要求包括：

a）应对登录网络设备的用户进行身份鉴别；

> ↪**释义：** 一般来说，网络设备管理用户登录网络设备方式包括利用控制台端口（Console）通过串口进行本地连接登录，利用辅助端口（AUX）通过 MODEM进行远程拨号连接登录或者利用虚拟终端(VTY)通过 TCP/IP 网络进行远程 SSH登录等。为了防止非授权人员对网络设备的非法访问，应在登录网络设备时对用户身份进行鉴别，并根据使用者身份设置权限（如日常维护、审计等），避免使用特权用户身份进行日常操作。

b）应对网络设备的管理员登录地址进行限制；

> ↪**释义：** 为了保证管理员对网络设备安全访问的同时避免其他人的未授权访

问，推荐采用带外管理，使用专用 IP 地址和固定的网络端口，将管理数据流与其他业务数据流分开，能够有效地增加安全性。

c）网络设备标识应唯一，同一网络设备的用户标识应唯一，禁止多个人员共用一个账号；（增强）

↳释义： 为了方便管理和审计，应制定网络设备、安全设备的命名规则，防止出现同名设备，并禁止多人共用一个账户，实行分账户、分权限管理，每名管理员设置一个单独的账户，避免出现问题后不能及时进行追踪溯源。

d）身份鉴别信息应不易被冒用，口令复杂度应满足要求并定期更换；应修改默认用户和口令，不得使用默认口令；口令长度不得小于 8 位，且为字母、数字或特殊字符的混合组合，用户名和口令不得相同；禁止明文存储口令；（增强）

↳释义： 为了防止鉴别口令被暴力破解或冒用，设置口令时不应使用默认用户和默认口令，口令长度不得小于 8 位，且为字母、数字或特殊字符的混合组合，用户名和口令不得相同；禁止明文存储口令，以 Cisco 路由器为例，使用 service password-encryption 命令对存储在配置文件中的所有口令和类似数据进行加密，但最好的口令存储方法还是保存在 TACACS+或 RADIUS 认证服务器上。

e）应具有登录失败处理功能，可采取结束会话、限制非法登录次数和当网络登录连接超时自动退出等措施；

↳释义： 为了防止恶意猜解口令，应限制登录失败的次数，例如为 3 次；为了防止越权访问，避免一个空闲的任务一直占用登录资源，应配置设备远程和本地登录超时退出。以 Cisco 路由器为例，可以利用 exec-timeout 命令，配置 VTY 的超时。避免一个空闲的任务一直占用 VTY。

f）当对网络设备进行远程管理时，采取必要措施防止鉴别信息在网络传输过程中被窃听；

↳释义： 当对网络设备进行远程管理时，为避免鉴别信息在传输过程中被窃听，不应当使用明文传送的 Telnet、HTTP 服务，而应当采用 SSH、HTTPS 等加密协议等方式进行交互式管理。

g）应关闭不需要的网络端口及网络服务。如需使用 SNMP 服务，应采用安全性增强版本，并应设定复杂的 Community 控制字段，禁止使用 Public、Private 等默认字段。（新增）

↳释义： 网络设备中默认开启的服务中可能存在安全漏洞，应关闭不需的服务和端口。以 Cisco 设备为例，其 CDP、TCP\UDP Small service、finger、BOOTP、IP Source Routing、ARP-Proxy、IP Directed Broadcast、WINS 和 DNS 等服务均可关闭。SNMP（简单网络管理协议）低端版本存在安全漏洞，被恶意利用后对网络设备造成安全隐患。若不需要使用 SNMP 服务，建议禁用 SNMP 服务。必须使用 SNMP 服务时，应采用安全性增强的版本，设定复杂的 Community 控制字段，禁止使用 Public、Private 等默认字段。

4.3.3　主机安全

4.3.3.1　身份鉴别（S2）

本项要求包括：

a）应对登录操作系统和数据库系统的用户进行身份标识和鉴别；

> **释义：** 为了防止未授权的访问者进入操作系统和数据库系统获取信息或进行恶意操作，必须对操作系统和数据库系统的用户进行身份标识，并在其登录系统时对其身份进行鉴别和认证。操作系统和数据库系统应配置策略，要求访问用户在登录系统时，提交身份鉴别信息，例如：用户名/口令。经系统鉴别和认证后，方允许用户进行访问。

b）操作系统和数据库系统管理用户身份鉴别信息应不易被冒用，口令复杂度应满足要求并定期更换。口令长度不得小于 8 位，且为字母、数字或特殊字符的混合组合，用户名和口令不得相同；（细化）

> **释义：** 操作系统和数据库系统管理用户身份鉴别信息常见为用户名/口令，为防止恶意猜解用户名/口令，需对口令进行复杂度设置，要求口令长度不小于 8 位，且满足字母、数字或特殊字符的组合，并启用定期更换口令的策略。
>
> Windows 操作系统中口令策略设置可参考：强制口令历史（3 个）、最短口令长度（8 个字符）、复杂性要求（启用）、最长使用期（70 天）等；Linux 操作系统中口令策略设置可参考：口令的最大过期天数（90 天）、口令的最小长度（8 个字符）、是否采用 md5 加密（yes）等；Oracle 数据库可通过启用口令复杂性函数进行配置；其他数据库口令复杂度检测功能参照相关技术手册。

c）应启用登录失败处理功能，可采取结束会话、限制非法登录次数和自动退出等措施；应限制同一用户连续失败登录次数；（增强）

> **释义：** 操作系统和数据库系统尽管设置了一定强度的口令，但非授权用户仍可以通过反复尝试输入口令甚至暴力破解获得系统的访问权限。因此，除了设

置口令复杂度外，还应限制用户连续输入错误口令的次数，即启用系统登录失败处理功能。

Windows 操作系统需通过"账户锁定策略"来对用户的失败登录次数、锁定时间进行设置。例如，"账户锁定阈值"为 3 次，账户锁定时间为 30min，即用户连续失败登录 3 次，将会禁止该账户在 30min 内重新尝试登录。

对于 UNIX 或 Linux 系统，不同的操作系统其配置文件均有差别。例如：Aix 需配置 /etc/security/login.cfg 文件中的 logindelay 失败登录之间间隔的秒数、logindisable 在锁定端口前允许的失败登录次数、logininterval 在一定时间内登录失败才锁定端口、loginreenable 端口锁定解锁时间；HP-UX 则需配置 /tcb/files/auth/system/default 文件中的 u_maxtrie、t_maxtries、t_logdelay 不为 0 等。

Oracle 数据库可通过 unlimited 值进行配置，SQL Server 数据库可查看 sp_configure 文件的设置情况。

d）当对服务器进行远程管理时，应采取必要措施，防止鉴别信息在网络传输过程中被窃听；

↳释义： 远程管理是指在系统开发、测试和运维过程中，系统管理人员通过远程访问协议来对目标系统进行访问和操作。目前常见的远程访问协议有 Windows 的远程终端服务（Remote Terminal Services）、Telnet 和 SSH 等。如果使用明文传输的远程访问协议，管理人员的身份鉴别信息（如用户名/口令）极易遭受网络窃听被非法窃取并使用，因此必须使用基于加密技术的远程访问协议。

Windows Terminal Services（WTS）又称为远程终端服务，默认服务端口为 3389，在 Windows XP 中称为"远程桌面（Remote Desktop）"。微软在 Windows Server 2003 SP1 中针对终端服务提供了 SSL 加密功能，从而实现对 RDP 客户端提供终端服务器的身份验证、加密与 RDP 客户端的通信。要使用终端服务器的 SSL 加密功能，终端服务器组件的版本必须是 RDP2.5 或以上，即所运行的操作系统必须是 Windows Server 2003 SP1 或更新版本，客户端操作系统必须是 Windows 2000、Windows XP 或 Windows Server 2003。

Linux 也可通过 Telnet、SSH 进行远程登录，Telnet 在数据传输过程中，账户与口令均为明文传输，极易被恶意用户窃取。SSH 具有加密和认证功能，能保证所传输的数据的保密性。

Oracle、SQL Server 等数据库都可通过配置 SSL 方式对传输数据进行加密。

e）应为操作系统和数据库系统的不同用户分配不同的用户名，确保用户名具有唯一性。

↘释义： 操作系统在创建用户时，会为其定义其属性构成，包括其权限、审计、环境、认证条件等。因此，用户名的唯一性可防止用户权限的冒用，并支持对用户的重要操作进行严格审计。

操作系统在创建用户时会为其配备一个唯一性标识，这种唯一性标识可以是UID也可以是账户名。Windows 系统会为用户分配一个 SID，该标识在全球范围内不会重复出现，因此 Windows 用户标识符合唯一性要求。Linux 系统在内核中以整数对用户进行标识，作为用户标示符或 UID，该标识也是唯一的，因此 Linux用户标识符合唯一性要求。Oracle、SQL Server 等数据库均不能创建同名的账户。

4.3.3.2　访问控制（S2）

本项要求包括：

a）应启用访问控制功能，依据安全策略控制用户对资源的访问；

↘释义： 访问控制是指根据用户的身份及其业务需求规定其对信息资源的访问和使用权限。访问控制的功能主要有：防止非法的主体进入操作系统和数据库系统；允许合法用户访问操作系统和数据库系统；防止合法的用户对操作系统和数据库系统进行非授权的访问。对于操作系统和数据库系统而言，常用的保护措施包括定义用户的文件访问权限、分配角色权限和限制文件共享功能。例如，对于 Windows 操作系统，普通用户对于系统重要文件的权限仅为"列出文件夹内容"、"读取"，且关闭默认共享；Linux 操作系统中普通用户对于系统重要文件的权限仅为只读；数据库系统中用户仅具有其所需的最小权限。

b）应实现操作系统和数据库系统特权用户的权限分离；

↘释义： 为方便使用，目前主流通用操作系统和数据库系统都默认存在默认的特权用户，例如 Windows 上的 Administrator、UNIX 上的 root、Oracle 上的System、SQL Server 数据库上的 sa 等。这些特权用户可以直接对系统软硬件资源进行分配，例如用户权限分配、配置管理、服务启停、备份恢复等，存在越权使用系统资源、非授权访问敏感信息等安全风险。应采取适当的技术手段，将这些角色分别授予不同的人员，实现操作系统和数据库系统管理员和审计员的权限分离，一方面是为了遵守系统的最小特权原则，另一方面能够避免特权用户的权限滥用和误操作，减小因权限管理不当造成的安全事件发生的概率。

c）应限制默认账户的访问权限，重命名系统默认账户，修改这些账户的默认口令；

↘释义： 默认账户是指在操作系统和数据库系统中自带的一些账户，在未经过安全配置前，默认账户存在默认口令。这些默认账户及口令的存在，导致恶意用户/非授权用户能够直接通过默认账户，轻易地获取系统的访问权限，从而获取重要信息或者执行恶意操作。因此，在实际使用当中，应当关闭或锁定默认账户、更改默认账户名称、修改默认口令防范非授权用户的越权访问。常见默认账户/默认口令有：

　　Windows 操作系统：Administrator、Guest；

　　Linux/UNIX 操作系统：root/root；同时应在 etc/passwd 文件中，对以下默认账号进行注释：lp、sync、shutdown、halt、news、uucp、operator、games、gopher；

　　Oracle 数据库：system/manager、sys/change_on_install、sysman/sysman、dbsnmp/dbsnmp、scott/tiger、outln/outln、adams/wood、jones/steel、clark/cloth、blake/paper；

　　SQL Server 数据库：sa/Null。

d）应及时删除多余的、过期的账户，避免共享账户的存在。

　　释义： 多余和过期账户如果不及时删除，则存在被恶意利用的风险。共享账户会导致审计困难，造成事件难以追溯。应避免出现多余、过期和共享账户。

4.3.3.3 安全审计（G2）

本项要求包括：

a）审计范围应覆盖到服务器上的每个操作系统用户和数据库用户；系统不支持该要求的，应采用第三方安全审计产品实现审计要求；（落实）

　　释义： 安全审计通常是指对计算机、网络用户在利用网络或计算机资源时的活动记录，从而发现系统漏洞、入侵行为或改善系统性能的过程。操作系统和数据库系统通常都有自己的安全审计功能，但其默认设置通常不能满足安全审计要求，因此需要进行安全配置。正确的安全审计配置，能为系统的风险评估、策略优化、责任认定、事件追溯等提供证据，因此审计范围必须覆盖到每个用户以及其使用的资源、使用时间、执行操作等。但对于一些业务或资源限制不支持审计功能的操作系统和数据库系统，应通过部署第三方安全审计产品来实现审计要求。

　　在 Windows 系统中需开启其"审核策略"，Linux 系统需查看其 syslog、audit 服务进程状态。Oracle 数据库需开启审计功能、SQL Server 数据库需配置其"审核级别"为"全部"。

b）审计内容应包括重要用户行为、系统资源的异常使用和重要系统命令的使用等系统重要安全相关事件，至少包括：用户的添加和删除、审计功能的启动和关

闭、审计策略的调整、权限变更、系统资源的异常使用、重要的系统操作（如用户登录、退出）等；（细化）

> **释义：** 审计内容应包括重要用户行为、系统资源的异常使用和重要系统命令的使用等系统重要安全相关事件，至少包括：用户的添加和删除、审计功能的启动和关闭、审计策略的调整、权限变更、系统资源的异常使用、重要的系统操作（如用户登录、退出）等。

c）审计记录应包括事件的日期、时间、类型、主体标识、客体标识和结果等；

> **释义：** 为了有效地记录用户行为，审计记录应包括事件的日期、时间、类型、主体标识、客体标识和结果（成功/失败）等。

d）应保护审计记录，避免受到未预期的删除、修改或覆盖等。

> **释义：** 当恶意用户对操作系统和数据库系统实施非授权访问或恶意操作后，为销毁证据并消除踪迹，会删除或修改系统审计日志。因此，必须对审计记录进行保护，避免其受到未预期的删除、修改或覆盖等。一般建议审计记录保存期限为半年以上。

4.3.3.4 入侵防范（G2）

操作系统应遵循最小安装的原则，仅安装必要的组件和应用程序，并通过设置升级服务器等方式保持系统补丁及时得到更新，补丁安装前应进行安全性和兼容性测试。（增强）

> **释义：** 最小安装原则，是指系统安装完成后，根据业务功能需要，关闭不必要的服务、组件、端口、应用程序等。保持系统补丁及时更新，则是在确保不影响系统业务运行的前提下，及时对已发布的系统漏洞进行补丁安装。为确保系统的安全稳定运行，在补丁安装前应进行充分的安全性和兼容性测试。

4.3.3.5 恶意代码防范（G2）

本项要求包括：

a）应在本机安装防恶意代码软件或独立部署恶意代码防护设备，并及时更新防恶意代码软件版本和恶意代码库；（细化）

> **释义：** 恶意代码目前主要包括恶意软件及计算机代码两大类。恶意软件常见的有：间谍软件、恶意共享软件等；恶意计算机代码常见的有：病毒、木马、蠕虫、后门、逻辑炸弹等。这些恶意代码的存在会导致系统重要信息被窃取、网

络攻击、系统遭破坏等恶性安全事件，从而影响系统的安全性和业务连续性。

操作系统应安装防恶意代码软件，并及时更新防恶意代码软件及其恶意代码库，以防止系统遭受恶意代码侵害。当本机无法安装防恶意代码软件时，应独立部署恶意代码防护设备，如在网络上部署防毒墙。

b）应支持防恶意代码的统一管理。

　释义： 应将同一环境中的操作系统作为一个整体的防护对象进行保护，为所有操作系统提供统一的恶意代码防护策略，统一更新、统一查杀。

例如，可通过部署网络版防病毒软件实现防恶意代码的统一集中管理。

4.3.3.6 资源控制（A2）

本项要求包括：

a）应通过设定终端接入方式、网络地址范围等条件限制终端登录；

　释义： 为了保证管理员对主机安全访问的同时，避免其他人的未授权访问，应使用本地管理或限定 IP 地址的远程管理。例如：

Windows 系统可开启主机防火墙或者通过 TCP/IP 筛选功能实现终端接入 IP 地址和端口的控制；Linux 系统可在/etc/host.allow 或/etc/host.deny 文件中允许或拒绝某个地址通过 Telnet 或 SSH 方式进行登录等。限制终端登录的网络地址范围和接入方式，可以有效防止非法用户的访问。

b）应根据安全策略设置登录终端的操作超时锁定；

　释义： 登录终端的操作超时锁定是指用户登录后，长时间没有操作活动，系统强制注销账户或锁定账户，需要用户重新登录的安全防护策略。如果系统管理员在离开终端时，没有注销其在系统上的登录状态，就可能被恶意用户利用或被非授权用户误用，从而带来安全隐患。为了防止越权访问，避免一个空闲的任务一直占用登录资源，应配置设备远程和本地登录超时退出。

Windows 系统可通过开启带口令的屏幕保护功能来进行本地终端登录的超时锁定，而对于远程终端登录，则可通过设置"空闲会话限制"来进行锁定。Linux 及 UNIX 系统则建议使用 bash、Ksh 作为用户默认使用的 shell，并设置其 TIMEOUT 参数。Oracle 数据库中需设置其空闲超时函数。SQL Server 数据库可以通过在 Windows 操作系统层面开启带口令的屏幕保护功能的方式来间接实现。

c）应根据需要限制单个用户对系统资源的最大或最小使用限度。（细化）

　释义： 单个用户对系统资源的最大或最小使用限度是指在有多个用户同时

对系统进行访问或单个服务器上运行多个业务系统时，为避免某些用户或服务进程占用过多的系统资源，从而导致服务器因资源耗尽引起故障，应合理分配单个用户对系统资源的使用限度。

4.3.4 应用安全

4.3.4.1 身份鉴别（S2）

本项要求包括：

a）应提供专用的登录控制模块对登录用户进行身份标识和鉴别；

↳释义： 为了防止应用系统被非法入侵和越权访问，应用系统应具有专用的身份鉴别模块对登录系统的用户身份的合法性进行核实，只有通过系统身份验证的用户才能登录系统并在系统规定的权限内进行操作，例如：用户名/口令。经系统鉴别和认证后，方允许用户进行访问。

b）应用系统用户身份鉴别信息应不易被冒用，口令复杂度应满足要求并定期更换。应提供用户身份标识唯一和鉴别信息复杂度检查功能，保证应用系统中不存在重复用户身份标识；用户在第一次登录系统时修改分发的初始口令，口令长度不得小于8位，且为字母、数字或特殊字符的混合组合，用户名和口令不得相同；禁止应用软件明文存储口令；（增强）

↳释义： 为了防止应用系统用户身份鉴别信息被冒用或破解，对应用系统用户的身份鉴别信息做出了以下要求：用户身份标识满足唯一性、口令长度大于8位、用户口令满足复杂度要求（为字母、数字、特殊字符的组合）、用户名与口令不同、应用系统中的口令应密文存储、定期更换、用户在首次登录系统需要修改初始口令。

c）应提供登录失败处理功能，可采取结束会话、限制非法登录次数和自动退出等措施；

↳释义： 为防止未授权用户对应用系统的身份鉴别信息进行暴力破解（采用穷举法）和避免一个空闲的任务一直占用登录资源，应用系统应提供登录失败处理功能，如限制用户登录失败次数和超时自动退出等。

d）应启用身份鉴别、用户身份标识唯一性检查、用户身份鉴别信息复杂度检查以及登录失败处理功能，并根据安全策略配置相关参数。

↳释义： 为了提高应用系统的安全可用性，应用系统应提供身份鉴别、用户身份标识唯一性检查、用户身份鉴别信息复杂度检查以及登录失败处理功能，并提供上述功能模块的参数配置，在实际应用中要求应用系统提供诸如口令复杂度设置功能、用户名唯一性检查功能、登录失败次数设置功能、登录失败处理方式设置功能等。

4.3.4.2 访问控制（S2）

本项要求包括：

a）应提供访问控制功能，依据安全策略控制用户对文件、数据库表等客体的访问；

释义： 访问控制是指根据用户的身份及其业务需求规定其对信息资源的访问和使用权限，应用系统的访问控制功能是为了防止应用系统的资源（如文件、数据库表等）被越权使用。例如：系统管理员可以通过应用程序灵活地定制某个用户对某些文件或数据表的访问权限（如查看、修改、复制、删除等）。

b）访问控制的覆盖范围应包括与资源访问相关的主体、客体及它们之间的操作；

释义： 访问控制的覆盖范围应包括与资源相关的所有主体和客体以及他们之间的操作，主体如用户或进程，客体如应用系统的功能、文件或数据库表，主体对客体的操作如访问、修改、删除等。

c）应由授权主体配置访问控制策略，并严格限制默认账户的访问权限；

释义： 应由授权主体来配置访问控制策略，对默认用户的客体访问权限进行严格限制，一般仅赋予默认账户最低级别的权限。在这里授权主体可以是应用管理员或者超级用户，而默认用户是指应用系统的公共用户、默认用户或者测试用户等，客体则是指应用系统的功能、文件或者数据库表等。

d）应授予不同账户为完成各自承担任务所需的最小权限，并在它们之间形成相互制约的关系。

释义： 应用系统在赋予用户权限时，应根据承担的角色不同授予用户所需的最小权限，能有效避免用户拥有不必要的操作权限，应用系统的使用人员、维护人员和审计人员应具有不同的账户权限，不允许出现混用、跨用的情况，如系统维护账户不能操作应用系统业务功能和查询、修改审计数据。

4.3.4.3 安全审计（G2）

本项要求包括：

a）应提供覆盖到每个用户的安全审计功能，对应用系统的用户登录、用户退出、

增加用户、修改用户权限等重要安全事件进行审计；（**细化**）

↘释义：为了保证监控和事后调查中能在审计日志中获取完整可用的信息，对于应用系统和安全设备日志审计内容至少应包括时间、类型、用户、事件类型、事件是否成功等相关信息。

b）应保证无法删除、修改或覆盖审计记录，维护审计活动的完整性；（增强）

↘释义：当恶意用户对应用系统实施非授权访问或恶意操作后，为销毁证据并消除踪迹，会删除或修改系统审计日志。因此，必须对审计记录进行保护，避免其受到未预期的删除、修改或覆盖等。

c）审计记录的内容至少应包括事件的日期、时间、发起者信息、类型、描述和结果等。

↘释义：为了有效地记录用户行为，审计记录应包括事件的日期、时间、类型、主体标识、客体标识和结果（成功/失败）等。一般建议审计记录保存期限在半年以上。

4.3.4.4 通信完整性（S2）

应采用校验码技术保证通信过程中数据的完整性。

↘释义：通信完整性是指保护数据防止其在传输过程中被篡改或丢失，通信完整性可以抵制主动威胁，以保证接收者收到的信息与发送者发送的信息完全一致，确保信息的真实完整性。通信双方可采用校验码技术或密码技术（如利用Hash 函数）来保证通信过程中数据的完整性。

4.3.4.5 通信保密性（S2）

本项要求包括：

a）在通信双方建立连接之前，应用系统应利用密码技术进行会话初始化验证；

↘释义：为了防止通信双方在建立连接过程中身份鉴别等敏感信息被非法窃听，应采用 SSL、IPSEC 等密码技术确保安全。

b）应对通信过程中的用户口令、会话密钥等敏感信息进行加密。（细化）

↘释义：为了防止通信双方在会话过程中敏感信息被非法窃听，应采用 SSL、IPSEC 等密码技术确保安全。

4.3.4.6 软件容错（A2）

本项要求包括：

应提供数据有效性检验功能,保证通过人机接口输入或通过通信接口输入的数据格式或长度符合系统设定要求;

↳释义: 软件容错技术主要考虑应用程序对错误（故障）的检测能力、处理能力、恢复能力。应用系统应具备对数据的有效性的验证功能,主要验证通过人机接口（如程序的界面）输入或通信接口输入的数据的格式、长度或类型是否符合系统设定的要求,防止用户输入畸形数据而导致系统出错,或防止一些注入类型的攻击,如 SQL 注入攻击等,从而影响系统的正常使用甚至危害系统的安全。

b）在故障发生时,应用系统应能够继续提供部分功能,确保系统能够实施恢复措施。（细化）

↳释义: 应用系统在发生故障时应能保存系统的历史状态,并具有继续提供部分系统功能且可恢复到历史状态的能力。

4.3.4.7 资源控制（A2）

本项要求包括：

a）当应用系统的通信双方中的一方在一段时间内未作响应,另一方应能够自动结束会话;

↳释义: 为了防止部分用户登录系统进行操作后未退出系统,造成系统资源损耗,或被非授权用户恶意利用,应用系统应可设置或默认用户在一段时间内未作任何响应,自动结束会话。

b）应能够对应用系统的最大并发会话连接数进行限制;

↳释义: 为保障应用系统可使用性,应用系统应能设置最大并发会话连接数,当应用系统到达系统可承受的最大连接数时,应限制终端用户访问,防止应用系统因超过最大并发会话连接数引起的停止服务。

c）应能够对单个账户的多重并发会话进行限制。

↳释义: 为了保证用户账户操作的唯一性和安全性,应用系统应能够对用户账户的多重并发进行限制,防止同一账户多点登录而导致的盗用不易察觉及审计记录难以追溯的问题。

4.3.5 数据安全及备份恢复

4.3.5.1 数据完整性（S2）

a）应能够检测到鉴别信息和重要业务数据在传输过程中的完整性受到破坏。

↪**释义：** 为了保证用户重要数据在传输的过程中免受未授权的破坏，在系统的管理数据、鉴别信息和重要业务数据的传输过程中，对其完整性进行检测（如利用 Hash 函数）。

4.3.5.2 数据保密性（S2）

应采用加密或其他保护措施实现鉴别信息的存储保密性。

↪**释义：** 为了避免用户重要数据在存储的过程中泄露，在系统的管理数据、鉴别信息和重要业务数据在存储过程中进行加密。

4.3.5.3 备份和恢复（A2）

本项要求包括：

a）应对重要信息进行备份，并对备份介质定期进行可用性测试；（增强）

↪**释义：** 为了防止系统数据的丢失与损坏，系统应对重要信息进行备份，并定期（如每月）对备份介质的可用性、完好性及数据可恢复性进行测试。

b）应提供关键网络设备、通信线路和数据处理系统的硬件冗余，保证系统的可用性。

↪**释义：** 为了避免网络设备、通信线路、数据处理系统出现故障时引起系统中断，应为主要网络设备、通信链路和数据处理系统等提供硬件或线路冗余，如数据库服务器采取双机热备、集群等方式，以确保在通信线路或设备故障时提供备用方案，有效增强系统的可靠性。

4.3.6 安全管理制度

4.3.6.1 管理制度（G2）

本项要求包括：

a）应制定信息安全工作的总体方针和安全策略，说明机构安全工作的总体目标、范围、原则和安全框架等；

↪**释义：** 信息安全工作的总体方针和安全策略是最高层的安全文件，阐明机构信息安全工作的使命和意愿，定义信息安全的总体目标、规定信息安全责任机构和职责、建立信息安全工作运行模式等。

b）应对安全管理活动中重要的管理内容建立安全管理制度；

> **释义：** 安全管理制度是以信息安全工作总体方针、策略为指导，对信息系统的建设、开发、运维、升级和改造等各个环节所应当遵循的行为进行规范。包括安全组织的设立、人员的安全管理，系统建设及运维、应急预案相关安全管理制度等；安全管理制度最好覆盖物理、网络、主机系统、数据、应用等层面。

c）应对安全管理人员或操作人员执行的重要管理操作建立操作规程。

> **释义：** 安全操作规程是对各项具体活动建立步骤或方法，可以是一个操作手册，一个流程表或一种实施方法，但必须能够明确体现或执行信息安全方针、策略及制度所要求的内容。安全操作规程内容包括：操作必须遵循的程序和方法、操作过程中有可能出现的危及安全的异常现象及紧急处理方法、对操作者无法处理的问题的报告方法、禁止操作者出现哪些行为、非本岗人员禁止出现哪些行为等。

4.3.6.2 制定和发布（G2）

本项要求包括：

a）应指定或授权专门的部门或人员负责安全管理制度的制定；

> **释义：** 规范信息安全管理制度的制定，是保证制度的正式性、权威性的基础。通常指定或授权信息安全归口管理部门编写制定信息安全管理制度。

b）应组织相关人员对制定的安全管理制度进行论证和审定；

> **释义：** 对信息安全管理制度进行论证和审定，保证制度的科学性和适用性。机构（如信息安全领导小组）应定期组织相关部门和相关人员对安全管理制度体系的合理性和适用性进行审定。

c）应将安全管理制度以某种方式发布到相关人员手中。

> **释义：** 信息安全各项管理制度应具备统一的格式并进行版本控制，通过论证和评审后，以纸质文件或办公平台等进行正式发文，分发给相关人员。

4.3.6.3 评审和修订（G2）

应定期对安全管理制度进行检查和审定,对存在不足或需要改进的安全管理制度进行修订。发生重大变更时，应及时对制度进行修订。(增强)

> **释义：** 安全管理制度体系制定并实施后，需对文件体系的适用性定期进行评审和修订，尤其当发生重大安全事故、出现新的漏洞及技术基础结构发生变更

时，需要对部分制度进行评审修订，以适应实际环境和情况变化，保证安全管理制度体系文件的适用性。机构（如信息安全领导小组）应定期组织相关部门和相关人员对存在不足或需要改进的安全管理制度进行修订。

4.3.7 安全管理机构

4.3.7.1 岗位设置（G2）

本项要求包括：

a）应设立安全主管、安全管理各个方面的负责人岗位，并定义各负责人的职责；

↘**释义：** 设立安全主管、安全管理等各个方面的负责人岗位，明确其岗位职责，有利于信息安全各项工作的组织实施，落实信息安全责任。

b）应设立系统管理员、网络管理员、安全管理员等岗位，并定义各个工作岗位的职责。

↘**释义：** 应设立系统管理员、网络管理员、安全管理员等岗位，如系统管理员负责系统的安全配置、账户管理、系统升级等方面；而网络管理员则侧重于对整个网络结构的安全、网络设备（包括安全设备）的正确配置等工作；安全管理员则侧重于系统的安全性，负责日常操作系统、网管系统、邮件系统的安全补丁、漏洞检测及修补、病毒防治等工作。对各种岗位的职责进行明确的定义，有利于更好地明确职责落实责任。

4.3.7.2 人员配备（G2）

本项要求包括：

a）应配备一定数量的系统管理员、网络管理员、安全管理员等；

↘**释义：** 为了防止人员变化造成的工作停顿，应配备一定数量的系统管理员、网络管理员、安全管理员等，理想状态各个岗位均有备岗。

b）安全管理员不能兼任网络管理员、系统管理员、数据库管理员等。

↘**释义：** 负责电力企业信息安全工作的安全管理员岗位应指定专职人员负责，不可由其他管理员兼任。安全管理员与其他管理员从职责上来说是相互制约，不可兼任。

4.3.7.3 资金保障（G2）

应保障信息系统安全建设、运维、检查、等级保护测评及其他信息安全资金。**（新增）**

▶️释义： 根据《电力行业网络与信息安全监督管理暂行规定》的相关要求，为有利于信息安全相关工作的有效开展，应保障信息系统安全建设、运维、检查、等级保护测评及其他信息安全资金。

4.3.7.4 授权和审批（G2）

本项要求包括：

a）应根据各个部门和岗位的职责明确授权审批部门及批准人，对系统投入运行、网络系统接入和重要资源的访问等关键活动进行审批；

▶️释义： 信息系统生命周期的每个阶段都涉及了许多重要的环节与活动，为保证这些环节与活动的顺利实施及可控，应对这些环节与活动的实施进行授权与审批。这不仅是质量方面的要求，也是为了避免由于管理上的漏洞或工作失误而埋下安全隐患，为保证发生安全问题时能有据可查，应以文件的形式明确授权与审批制度，明确授权审批部门、批准人、审批程序、审批事项、审批范围等内容。

b）应针对关键活动建立审批流程，由批准人签字确认，并存档备查。（增强）

▶️释义： 关键活动对整个系统的安全性有很大影响，必须经批准人签字确认，并将审批过程文件存档，以便事后检查和区分责任。

4.3.7.5 沟通和合作（G2）

本项要求包括：

a）应加强各类管理人员之间、组织内部机构之间以及信息安全职能部门内部的合作与沟通；

▶️释义： 为保障各单位信息系统安全工作的顺利完成，各业务部门需要共同参与、密切配合，因此须加强各类管理人员之间、组织内部机构之间以及信息安全职能部门内部的合作与沟通。

b）应加强与电力监管机构、公安机关及相关单位和部门的合作与沟通。（增强）

▶️释义： 为了及时了解信息安全动态，获取信息安全最新政策应当加强和电力监管机构、公安机关、兄弟单位等的合作与沟通，及时就相关安全工作的问题与经验进行交流，共同促进信息安全工作建设，提高企业的整体安全防护能力。

4.3.7.6 审核和检查（G2）

安全管理员应定期安全检查，检查内容包括系统日常运行、系统漏洞和数据备份等情况。

↳**释义**：为了保证信息安全方针、制度贯彻执行，及时发现现有安全措施的漏洞和系统脆弱性，安全管理员应负责定期进行安全检查。检查的主要内容涉及：系统日常运行、系统漏洞、数据备份等，在发现问题时应及时指出，督促相关安全责任人进行限期整改。

4.3.8 人员安全管理

4.3.8.1 人员录用（G2）

本项要求包括：

a）应指定或授权专门的部门或人员负责人员录用；

↳**释义**：人是信息安全中最活跃的因素，为录用恰当人员，应指定或授权专门的部门或人员负责人员录用。

b）应规范人员录用过程，对被录用人员的身份、背景和专业资格等进行审查，对其所具有的技术技能进行考核；

↳**释义**：在人员录用时应充分对被录用人的身份、背景、专业资格和资质进行筛选、审查，对技术人员的技术技能进行考核，并且有审查的相关文档或记录。

c）应与安全管理员、系统管理员、网络管理员等关键岗位的人员签署保密协议。（细化）

↳**释义**：为提高关键岗位人员保密意识，明确保密责任，应与安全管理员、系统管理员、网络管理员等关键岗位的人员签署保密协议，保密协议应有保密范围、保密责任、违约责任、协议的有效期限和责任人签字等内容。

4.3.8.2 人员离岗（G2）

本项要求包括：

a）应规范人员离岗过程，及时收回离岗员工的所有访问权限；（增强）

↳**释义**：应制定人员离岗制度，规范人员离岗过程，在人员离岗手续办完后，应及时终止离岗人员所有访问权限。

b）应收回其各种身份证件、钥匙、徽章等以及机构提供的软硬件设备；（落实）

↳**释义**：为避免离岗人员给信息系统带来的安全隐患，由于解雇、退休、辞职、合同到期或其他原因离开单位的人员在离开前，都必须到单位人事部门办理严格的调离手续，包括交回单位提供的相关证件、徽章、密钥、访问控制标识、单位配给的设备等。

c）只有在收回其访问权限和各种证件、设备之后方可办理调离手续。(细化)

> **释义：** 在人员离岗时应确认已注销或修改其系统使用权限和维护权限，主要区域的门禁出入权限、办公所配发的各种设备，方可调离。

4.3.8.3 人员考核（G2）

应定期对各个岗位的人员进行安全技能及安全认知的考核。

> **释义：** 为保证各个岗位人员能够掌握本岗位工作所应当具备的基本安全知识和技能，应有专人制定人员考核计划，定期对员工进行安全技能及安全知识考核。

4.3.8.4 安全意识教育和培训（G2）

本项要求包括：

a）应对各类人员进行安全意识教育、岗位技能培训和相关安全技术培训；

> **释义：** 安全意识教育和培训可使人员在安全职责、安全意识、安全技能等方面有所提高，保证人员具有与岗位职责相适应的安全技术能力和管理能力，以减小人为操作失误给系统带来的安全风险。

b）应告知人员相关的安全责任和惩戒措施，并对违反违背安全策略和规定的人员进行惩戒；

> **释义：** 应将安全责任和惩戒措施告知相关人员。对违反违背安全策略和规定的人员进行惩戒，制定具体的惩戒措施。

c）应按照行业要求，制定安全教育和培训计划，对信息安全基础知识、岗位操作规程等进行的培训应至少每年举办一次。(增强)

> **释义：** 应制定安全教育和培训计划，明确培训目的、培训方式、培训对象、培训内容、培训时间和地点等，培训内容包含信息安全基础知识、岗位操作规程等，并且定期进行，每年至少举办一次。

4.3.8.5 外部人员访问管理（G2）

应确保在外部人员访问受控区域前得到授权或审批，批准后由专人全程陪同或监督，并登记备案。

> **释义：** 对外部人员包括向单位提供技术服务的外来人员，如软硬件维护和支持人员、贸易伙伴或合资伙伴、清洁人员、送餐人员、保安、包括支持人员、

学生、短期临时工作人员和安全顾问等，须经过上级批准，方可进入受控区域，且全程需有专人陪同或监督，并登记备案。

4.3.9 系统建设管理

4.3.9.1 系统定级（G2）

本项要求包括：

a）应明确信息系统的边界和安全保护等级；

> **释义：** 明确信息系统边界和安全保护等级是采取合理、恰当安全保护措施的前提，为明确信息系统边界和安全等级，需了解信息系统划分的方法，梳理不同系统之间的边界关系，确保根据《GB/T 22240—2008 信息安全技术 信息系统安全等级保护定级指南》完成信息系统安全保护等级的定级。

b）应以书面的形式说明信息系统确定为某个安全保护等级的方法和理由；

> **释义：** 根据《GB/T 22240—2008 信息安全技术 信息系统安全等级保护定级指南》，以书面的形式定义已确定安全保护等级的信息系统的属性，描述信息系统划分的方法和理由，包括功能、业务、网络、硬件、软件、数据、边界、人员等，说明确定等级的理由并形成文档。

c）信息系统定级结果应通过电力监管机构的审批；（细化）

> **释义：** 信息系统定级结果应具有合理性和正确性，参照《GB/T 22240—2008 信息安全技术信息系统安全等级保护定级指南》，对信息系统定级结果的合理性和正确性进行专家评审和论证，保证信息系统定级结果可以通过电力监管机构的批准。

d）对于跨电力（集团）公司联网运行的信息系统，由行业信息安全监管部门统一确定安全保护等级。对于属同一电力（集团）公司，但跨省联网运行的信息系统，由（集团）公司责任部门统一确定安全保护等级。（新增）

> **释义：** 根据《电力行业信息系统安全等级保护定级指导意见》，对于跨电力公司联网运行的信息系统，由行业信息安全监管部门统一确定安全保护等级；对于属同一电力（集团）公司，但跨省联网运行的信息系统，由公司责任部门统一确定安全保护等级。

4.3.9.2 安全方案设计（G2）

本项要求包括：

a）应根据系统的安全保护等级选择基本安全措施，依据风险分析的结果补充和调整安全措施；

> **释义：** 根据系统所确定的级别，在物理安全、网络安全、主机安全、应用安全、数据安全、安全管理等方面选用对应的安全措施及方法，并对系统进行风险评估及分析，根据分析结果，对已有的安全措施进行补充和调整。

b）应以书面形式描述对系统的安全保护要求、策略和措施等内容，形成系统的安全方案；

> **释义：** 应根据信息系统的等级划分情况，以书面的形式描述对系统的安全保护要求和策略、安全措施等内容，生成相关文件，形成完整的安全方案。

c）应对安全方案进行细化，形成能指导安全系统建设、安全产品采购和使用的详细设计方案；

> **释义：** 为提高安全方案的可操作性，应细化已制定的安全方案，安全设计方案的内容可能包括：系统的安全隐患与对策分析、系统的体系结构及拓扑设计、系统的业务流程实现过程、系统的安全体系与其他平台的关系、系统在物理、网络、主机系统、应用、数据以及管理层面的不同设计要求、设计目标、性能要求、接口要求、资源如何分配等。

d）应组织相关部门和有关安全技术专家对安全设计方案的合理性和正确性进行论证和审定，重大项目应报行业信息安全监管部门进行信息安全专项审查批准。（落实）

> **释义：** 应组织相关部门和有关安全技术专家对总体安全策略、安全技术框架、安全管理策略、总体建设规划、详细设计方案等相关配套文件的合理性和正确性进行论证和审定，重大项目应上报行业信息安全监管部门开展安全专项审查，经批准后方能正式实施。

4.3.9.3 产品采购和使用（G2）

本项要求包括：

a）应确保安全产品采购和使用符合国家的有关规定；

> **释义：** 安全产品采购需按照机构一定的采购流程或要求进行，确保安全产品在符合国家有关规定的前提下，满足系统的需要。

b）应确保密码产品采购和使用符合国家密码主管部门的要求；

> **释义：** 密码产品采购需按照机构一定的采购流程或要求进行，确保密码产

品在符合国家密码主管部门规定的前提下，满足系统的需要。

c）应指定或授权专门的部门负责产品的采购；

↘释义： 为规范产品采购流程，对于电力系统重要设备及专用信息安全产品的采购均需指定或授权机构内专门的部门进行，符合相关采购流程及要求。

d）电力系统重要设备及专用信息安全产品应通过国家及行业监管部门推荐的专业机构的安全性检测后方可采购使用。（新增）

↘释义： 为确保采购产品的安全性，电力系统重要设备及专用信息安全产品在采购使用前，必须通过国家及行业监管部门推荐的专业机构的安全性检测，并出具合格的检测报告。

4.3.9.4 自行软件开发（G2）

本项要求包括：

a）应确保开发环境与实际运行环境物理分开；

↘释义： 为确保自行开发软件安全性，在自主开发过程中应具备相应的控制措施，需在独立的模拟环境中编写、调试和完成；自行开发软件的开发环境场所必须与系统实际运行环境实现物理分开，不可交叉。

b）应制定软件开发管理制度，明确说明开发过程的控制方法和人员行为准则；

↘释义： 为确保自行开发软件安全性，需编写专用软件开发管理制度，规范开发人员操作行为，详细说明开发过程的管理办法。

c）应确保提供软件设计的相关文档和使用指南，并由专人负责保管。

↘释义： 为确保自行开发软件安全性，应指定专人负责保管自行开发软件所涉及的各类文档（应用软件设计程序文件、源代码文档等）和软件使用指南、操作手册和维护手册等，包括过程文档、代码、成果等电子的和纸质的文档等，应限制使用人员范围并做使用登记。

4.3.9.5 外包软件开发（G2）

本项要求包括：

a）应根据开发要求检测软件质量；

↘释义： 为确保外包软件开发安全性，在外包软件开发前应以书面文档形式规范软件外包开发单位的责任、开发过程中的安全行为、开发环境要求和软件质量等相关内容，根据相关文档检测软件质量。

b）应确保提供软件设计的相关文档和使用指南；

> **释义：** 为确保外包软件开发安全性，软件开发单位应以书面文档形式提供能够独立对软件进行安装、配置、日常维护和使用所需的相关文档。

c）应在软件安装之前检测软件包中可能存在的恶意代码；

> **释义：** 为确保外包软件开发安全性，软件安装之前应由开发方和委托方共同参与，使用第三方商业产品来检测软件中的恶意代码，确保软件使用安全。

d）应要求开发单位提供软件源代码，并审查软件中可能存在的后门。

> **释义：** 为确保外包软件开发安全性，保证软件源代码的可控、能控、在控，软件开发单位应留有委托开发软件的源代码备份，软件安装之前应由开发和委托方共同参与源代码测试及软件后门的检测审查工作。

4.3.9.6 工程实施（G2）

本项要求包括：

a）应指定或授权专门的部门或人员负责工程实施过程的管理；

> **释义：** 为了监督、督促工程实施单位的工作，委托建设方最好指定或授权专门的人员或部门负责工程实施过程的管理与协调，要求根据实施方案进行实施，必要时可以请工程监理控制项目的实施过程。

b）应制定详细的工程实施方案，控制工程实施过程。

> **释义：** 应编制详细的工程实施方案，内容应覆盖工程时间限制、进度控制和质量控制等方面内容，并明确要求工程实施单位严格按照该方案进行安全工程实施。

4.3.9.7 测试验收（G2）

本项要求包括：

a）应委托国家或电力行业认可的测评机构对系统进行安全性测试验收；（细化）

> **释义：** 为保证工程建设完全按照既定方案和要求实施，在工程实施完成之后，系统交付使用之前，委托建设方应委托国家或电力行业认可的测评机构按照系统测试验收管理制度要求、设计方案或合同要求进行系统的安全测试验收。

b）在测试验收前应根据设计方案或合同要求等制定测试验收方案，在测试验收过

程中应详细记录测试验收结果，并形成测试验收报告；

释义： 应制定并检查工程测试验收方案，对参与验收部门、人员、现场操作过程等进行要求。在测试过程中需详细记录测试时间、人员、操作过程、测试结果等方面内容，并文档化形成测试报告。

c）应组织相关部门和相关人员对系统测试验收报告进行审定，并签字确认。

释义： 为保证测试验收报告质量，应组织相关部门和相关人员对生成的系统测试验收报告中的测试方法、测试内容、测试结果等进行评审，并签字确认。

4.3.9.8 系统交付（G2）

本项要求包括：

a）应制定系统交付清单，并根据交付清单对所交接的设备、软件和文档等进行清点；

释义： 交付阶段，系统委托建设方和承建方都应按照委托协议或其他协议而形成的交接清单进行交付工作，交接工作需按照该手续办理，保证交付工作能够按照既定的要求顺利完成；系统交付清单需满足合同的有关要求，应根据交接清单对所交接的设备、文档、软件等进行清点，必要时应对交付工作进行制度化要求。

b）应对负责系统运行维护的技术人员每年进行相应的技能培训，对安全教育和培训的情况和结果进行记录并归档保存；（细化）

释义： 系统交付工作不仅仅是简单的交接工作，由于系统的安装、配置、开发等过程都是由建设方负责的，委托方在这些方面较为生疏，而委托方却是系统的主要使用者，因此，在交付后，建设方需承担一段时间的技术支持工作（如培训、维护等服务），通过培训教育，保证委托方能够熟练、顺利的对系统进行运行维护，并对安全教育和培训的情况和结果进行记录并归档保存。

c）应确保提供系统建设过程中的文档和指导用户进行系统运行维护的文档。

释义： 需确保建设方提供系统建设文档（如系统建设方案）、指导用户进行系统运维的文档（如服务器操作规程书）以及系统培训手册等文档。

4.3.9.9 系统备案（G2）

电力（集团）公司应统一汇总所属单位定级结果，报电力监管机构审批后，到公安机关备案。（新增）

释义： 电力（集团）公司应对下属单位的定级结果进行统一汇总，并上报电力监管机构，通过审批后到公安机关进行备案工作。

4.3.9.10 安全服务商选择（G2）

本项要求包括：

a）应选择符合国家及行业有关规定的服务商开展安全服务；（细化）

> **释义：** 需根据国家及电力行业的相关规定选择安全服务商，可考量如安全服务资质、安全服务业绩、公司规模、安全服务人员资质等。

b）应与选定的安全服务商签订安全协议，明确安全责任；（细化）

> **释义：** 信息系统建设过程涉及安全咨询、规划、设计、实施、监理、培训、维护和响应、检测评估等各方面的安全服务，这些服务渗透到信息系统的方方面面，这就使得信息安全服务提供商有机会在使用者毫不知情的情况下，在服务或技术产品中隐埋下各种各样的不安全因素。为了减少或者杜绝这些服务可能带来的新的安全问题，应使用可信的安全服务，因此，在选择安全服务商的时候，应选择那些已获得相关资质的，并签订相关的安全协议，明确安全责任。

c）应与服务商签订安全服务合同，明确技术支持和服务承诺。（增强）

> **释义：** 应与服务商签订安全服务合同，合同中应明确技术支持和服务承诺相关条款。

4.3.10 系统运维管理

4.3.10.1 环境管理（G2）

本项要求包括：

a）应指定专门的部门或人员定期对机房供配电、空调、温湿度控制等设施进行维护管理；

> **释义：** 为了确保机房内主机和网络设备的运行环境良好和安全，应明确指定专门的部门或人员定期对单位物理机房的供电、配电、空调、温湿度控制等设施进行日常维护和管理。

b）应配备机房安全管理人员，对机房的出入、服务器的开机或关机等工作进行管理；（细化）

> **释义：** 为了确保机房的运行环境安全，单位应明确指定专门的安全管理人员对单位物理机房的出入、服务器的开机或关机等工作进行维护管理。

c）应建立机房安全管理制度，对有关机房物理访问，物品带进、带出机房和机房环境安全等方面的管理作出规定；

> **释义：** 为了确保机房的运行环境良好和安全，单位应对机房物理访问，物品带进、带出机房和机房环境安全等方面制定一系列规定，建立机房安全管理制度。

d）应加强对办公环境的保密性管理，包括工作人员调离办公室应立即交还该办公室钥匙和不在办公区接待来访人员等。

> **释义：** 工作人员办公时可能涉及一些敏感或涉密信息，因此应对办公环境安全进行严格管理和控制。严格管理办公环境中的保密文件，包括内部工作人员调离办公室应立即交还该办公室钥匙、内部工作人员不在办公区接待来访人员等。

4.3.10.2 资产管理（G2）

本项要求包括：

a）应编制与信息系统相关的资产清单，包括资产责任部门、重要程度和所处位置等内容；

> **释义：** 明确资产是信息系统安全风险分析的基础。为了对信息系统相关的资产包括信息、各种客户端、服务器、网络设备、软件、存储介质及各种相关设施等实施有效的管理，单位应编制与信息系统所有相关的资产清单，资产清单内容应详细准确，要包含资产的责任部门、资产的重要程度、资产所在位置等内容

b）应建立资产安全管理制度，规定信息系统资产管理的责任人员或责任部门，并规范资产管理和使用的行为。

> **释义：** 为了对信息系统的资产包括信息、各种客户端、服务器、网络设备、软件、存储介质及各种相关设施等实施有效的管理，单位应建立资产安全管理制度，明确责任人员或责任部门，规范资产管理和使用行为。

4.3.10.3 介质管理（G2）

本项要求包括：

a）应确保介质存放在安全的环境中，对各类介质进行控制和保护，并实行存储环境专人管理；

> **释义：** 为了确保介质中存放的数据安全有效的使用，单位应对介质存放环境进行专人管理，定期检查介质的有效性，并严格分发。

b）应建立移动存储介质安全管理制度，落实移动存储介质管控措施；（**新增**）

释义: 移动存储介质主要包括移动硬盘、磁带、光盘、纸介质等，由于存储介质中存放的数据可能是单位内部的敏感信息，因此单位应建立移动存储介质安全管理制度，落实移动存储介质管控措施。

c）应对介质归档和查询等过程进行记录，并根据存档介质的目录清单定期盘点；

释义: 为了保证介质的有序、正确、合理的分发使用，单位应对介质的归档和查询等过程进行登记记录，定期盘点介质的目录清单。

d）应对需要送出维修或销毁的介质，首先清除其中的敏感数据，防止信息的非法泄露；

释义: 为了防止介质中的敏感数据被泄露，单位应对送出维修或销毁的介质严格管理，应首先清除介质中的敏感数据，未经批准不得自行销毁保密性较高的存储介质。

e）应根据所承载数据和软件的重要程度对介质进行分类和标识管理。

释义: 为了防止重要数据和软件丢失或被破坏，单位应按照数据和软件的重要程度对介质进行分类管理。

4.3.10.4 设备管理（G2）

本项要求包括：

a）应对信息系统相关的各种设备（包括备份和冗余设备）、线路等指定专门的部门或人员定期进行维护管理；

释义: 为了保证信息系统相关的各种设备包括服务器、终端计算机、工作站、便携机、网络设备、安全设备、存储设备等的正常稳定运行，单位应指定专门的部门或者人员定期进行维护管理。

b）应建立基于申报、审批和专人负责的设备安全管理制度，对信息系统的各种软硬件设备的选型、采购、发放和领用等过程进行规范化管理；

释义: 为了规范管理各种软硬件设备的选型、采购、发放和领用，单位应建立基于申报、审批和专人负责的设备安全管理制度，保证这些设备的正常运行，并认真做好使用和维护记录。

c）应对终端计算机、工作站、便携机、系统和网络等设备的操作和使用进行规范化管理，按操作规程实现关键设备（包括备份和冗余设备）的启动/停止、加电/断电等操作；

> **释义：** 为了确保主要设备（包括备份和冗余设备）正常稳定的运行，单位应对各种服务器、终端计算机、工作站、便携机、网络设备、安全设备、存储设备等的操作和使用制定管理制度，制度应详细规范主要设备（包括备份和冗余设备）的启动/停止、加电/断电等操作。

d）应确保信息处理设备必须经过审批才能带离机房或办公地点。

> **释义：** 为了防止信息不当扩散而引起的信息泄露，必须通过单位审批流程才能将信息处理设备带离机房或办公地点。

4.3.10.5　网络安全管理（G2）

本项要求包括：

a）应指定人员对网络进行管理，负责运行日志、网络监控记录的日常维护和报警信息分析和处理工作；

> **释义：** 为了保障系统网络稳定运行，单位应该通过网络安全管理制度来规范网络安全管理的各种行为，指定专人对网络进行严格管理，对网络的各项安全记录分析，对发生的网络安全事件及时预警，并做好善后处理工作。

b）应建立网络安全管理制度，对网络安全配置、日志保存时间、安全策略、升级与打补丁、口令更新周期等方面作出规定；

> **释义：** 网络安全关系着整体安全，网络安全管理的内容要涵盖全面，应包括网络安全配置、日志保存时间、安全策略、升级与打补丁、口令更新周期等。规范化网络安全管理，建立详细的设备安全管理制度，保证这些设备的正常运行。

c）应根据厂家提供的软件升级版本对网络设备进行更新，并在更新前对现有的重要文件进行备份；

> **释义：** 应根据设备厂商提供的软件升级版本对网络设备进行更新，及时更新软件升级版本，但是在更新前要对现有的重要文件进行全面的备份，保证系统更新失败可以全面恢复至升级前状态。

d）应定期对网络系统进行漏洞扫描，对发现的网络系统安全漏洞进行及时的修补；

> **释义：** 为避免漏洞被利用，对网络设备存在的漏洞要定期进行漏洞扫描，对发现的网络系统的安全漏洞及时修补。

e）应对网络设备的配置文件进行定期备份；

> **释义：** 为了防止网路设备的配置文件意外丢失，单位应对配置文件进行定

期备份。

f）应保证所有与外部系统的连接均得到授权和批准。

> **释义：** 为了保证网络环境的安全性，单位应控制与外部系统连接的设备，并对需要外联的设备进行授权和批准，未经授权和批准不得连接。

4.3.10.6 系统安全管理（G2）

本项要求包括：

a）应根据业务需求和系统安全分析确定系统的访问控制策略；

> **释义：** 为了保障系统的安全稳定的运行，单位根据工作需求和业务系统安全分析确定访问控制策略。

b）应定期进行漏洞扫描，对发现的系统安全漏洞及时进行修补；

> **释义：** 为了防止系统存在漏洞风险，单位应定期进行漏洞扫描，及时修补发现的系统安全漏洞。

c）应安装系统的最新补丁程序，在安装系统补丁前，应首先在测试环境中测试通过，并对重要文件进行备份后，方可实施系统补丁程序的安装；

> **释义：** 系统安全管理也应当按照相应的管理制度和操作规程进行，依据制度要求的安全策略，安装系统的最新补丁程序。在安装系统补丁前，首先应在测试环境中测试补丁，测试通过后对重要文件进行备份后，方可实施系统补丁程序的安装。

d）应建立系统安全管理制度，对系统安全策略、安全配置、日志管理和日常操作流程等方面作出规定；

> **释义：** 建立系统安全管理制度，系统安全管理的内容主要应包括系统安全策略、安全配置、日志管理和日常操作流程等内容。系统安全管理也应当按照相应的管理制度和操作规程进行。

e）应依据操作手册对系统进行维护，详细记录操作日志，包括重要的日常操作、运行维护记录、参数的设置和修改等内容，严禁进行未经授权的操作；

> **释义：** 为了全面、细致、安全的对系统进行维护，单位应制定操作手册包括重要的日常操作、运行维护记录、参数的设置和修改等内容，详细记录操作日志。严禁工作人员进行未经授权操作系统。

f）应定期对运行日志和审计数据进行分析，以便及时发现异常行为。

> **释义：** 为了及时发现信息安全隐患，应定期对运行日志和审计数据进行分析，对异常行为及时发现、及时处理。

4.3.10.7　恶意代码防范管理（G2）

本项要求包括：

a）应提高所有用户的防病毒意识，告知及时升级防病毒软件，在读取移动存储设备上的数据以及网络上接收文件或邮件之前，先进行病毒检查，对外来计算机或存储设备接入网络系统之前也应进行病毒检查；

> **释义：** 恶意代码对信息系统的危害极大，并且传播途径有多种方式，因此对恶意代码的防范比较困难，不仅仅需要安装防恶意代码工具来解决，为有效预防恶意代码的入侵，还需要提高用户防毒意识，建立完善的恶意代码管理制度并有效实施。

b）应指定专人对网络和主机进行恶意代码检测并保存检测记录；

> **释义：** 应建立完善的恶意代码管理制度并有效实施，工作人员应定期检测恶意代码并保存检测记录。

c）应对防恶意代码软件的授权使用、恶意代码库升级、定期汇报等作出明确规定。

> **释义：** 建立完善的恶意代码管理制度，明确规定防恶意代码软件的授权使用、恶意代码库升级，定期汇报升级情况。

4.3.10.8　密码管理（G2）

应使用符合国家密码管理规定的密码技术和产品。

> **释义：** 密码技术是保证信息保密性和完整性的重要技术，为保证密码技术使用过程的安全，应建立完善的密码管理制度，明确密码使用规范，对于该技术涉及的密码和密钥应通过建立管理制度加强管理，包括密钥的产生、分发、存储、更换、使用和废止各个环节都应当加强监督和管理，使用符合国家密码管理规定的产品。

4.3.10.9　变更管理（G2）

本项要求包括：

a）应确认系统中要发生的重要变更，并制定相应的变更方案；

> **释义：** 变更是对信息系统的有效改建和更新，单位应确认系统中要发生的

变更，并对变更事件进行及时详细的记录，制定完善的变更方案。

b)系统发生重要变更前，应向主管领导申请，审批后方可实施变更，并在实施后向相关人员通告。

> **释义：** 变更是对信息系统的有效改建和更新，应建立变更管理制度，对变更事件进行及时详细的记录，系统发生变更前，应向主管领导申请，变更和变更方案经过专家评审、领导审批后方可实施变更，并在变更实施后将变更情况向上级和系统相关人员通告系统现状。

4.3.10.10 备份与恢复管理（G2）

本项要求包括：

a)应识别需要定期备份的重要业务信息、系统数据及软件系统等；

> **释义：** 备份是确保数据意外丢失或损坏时及时加以恢复的重要手段，单位应对信息进行重要性识别，对识别后需要备份的重要业务信息、系统数据及软件系统要定期进行备份。

b)应规定备份信息的备份方式、备份频度、存储介质、保存期等；

> **释义：** 备份是确保数据意外丢失或损坏时及时加以恢复的重要手段，应建立备份、恢复等相关安全管理制度，详细规定备份信息的备份方式、备份频度、存储介质和保存期等内容。

c)应根据数据的重要性及其对系统运行的影响，制定数据的备份策略和恢复策略，备份策略指明备份数据的放置场所、文件命名规则、介质替换频率和数据离站运输方法。

> **释义：** 备份是确保数据意外丢失或损坏时及时加以恢复的重要手段。备份和恢复管理要根据机构需要及对业务影响的程度，根据数据的重要性和数据对系统运行的影响，制定数据的备份和恢复策略，策略要规范、全面和详细，备份策略要明确备份数据的放置场所、文件命名规则、介质替换频率和将数据离站运输的方法等内容。

4.3.10.11 安全事件处置（G2）

本项要求包括：

a)应报告所发现的安全弱点和可疑事件，但任何情况下用户均不应尝试验证弱点；

> **释义：** 尝试验证弱点可能发生一些事先无法预计的安全事件，工作人员应

及时报告所发现的安全弱点和可疑事件，保证系统的任何问题及存在的漏洞无法被尝试验证。

b）应制定安全事件报告和处置管理制度，明确安全事件类型，规定安全事件的现场处理、事件报告和后期恢复的管理职责；

↳释义： 信息系统在运行过程中，为确保安全事件能够得到及时有效的处置，应制定安全事件报告和处置管理制度，详细制定关于安全事件的类型、安全事件的现场处理、事件总结报告和事件结束后的后期恢复管理等内容。

c）应根据国家相关管理部门对计算机安全事件等级划分方法和安全事件对本系统产生的影响，对本系统计算机安全事件进行等级划分；

↳释义： 信息系统在运行过程中，为确保安全事件能够得到及时有效的处置，应当根据有关规定对信息系统安全事件进行等级划分、分级响应和处置。

d）应记录并保存所有报告的安全弱点和可疑事件，分析事件原因，监督事态发展，采取措施避免安全事件发生。

↳释义： 信息系统在运行过程中，为确保安全事件能够得到及时有效的处置，分析和鉴定事件产生的原因，收集事件中暴露的日志等证据，记录事件的全部处理过程，总结经验教训，制定防止再次发生的技术和管理补救措施。在安全事件报告和响应处理过程中形成的所有记录和文档要由专人妥善保管保存。按照事件的级别和事件的范围等因素对造成系统中断和造成信息泄密的安全事件采用不同的处理流程和报告流程。

4.3.10.12　应急预案管理（G2）

本项要求包括：

a）应在统一的应急预案框架下制定不同事件的应急预案，应急预案框架应包括启动应急预案的条件、应急处理流程、系统恢复流程、事后教育和培训等内容；

↳释义： 应当针对安全事件等级，考虑其可能性及对系统和业务产生的影响，制定响应不同事件的应急预案，内容应包括启动应急预案的条件、应急处理流程、系统恢复流程、事后教育和培训等内容，保证应急预案的处置办法能够适应不同的安全事件。

b）应对安全管理员、系统管理员、网络管理员等相关的人员进行应急预案培训，应急预案的培训应至少每年举办一次。（细化）

↳释义： 应对相关人员进行定期的应急预案培训，培训时间要至少每年举办一次，培训人员要包含安全管理员、系统管理员、网络管理员等相关系统工作人员。

4.4 第三级基本要求释义

4.4.1 物理安全

4.4.1.1 物理位置的选择（G3）

本项要求包括：

a）机房和办公场地应选择在具有防震、防风和防雨等能力的建筑内；

> **释义：** 地震、强风、暴雨等自然灾害是影响信息系统物理安全的重大威胁。因此机房和办公场地应根据所在地的实际情况选择具有基本的防震、防风和防雨等能力的建筑物内。例如有些地区位于地震活跃区，发生地震灾害的可能性较大，则应提高机房建筑的抗震等级；在我国东南沿海台风、暴雨等出现频率较高的地方，应着重加强建筑的防风、防雨能力建设，确保机房在遭遇大风、暴雨天气时能不漏风、不进水，保证设备安全。

b）机房场地应避免设在建筑物的高层或地下室，以及用水设备的下层或隔壁，如果不可避免，应采取有效防水等措施。（落实）

> **释义：** 机房部署在高层易出现消防不可达、雨水渗透等安全隐患；部署在地下室易出现水蒸气结露、内涝、积水等安全隐患；部署在用水设备下层或隔壁易出现水渗漏、渗透等安全隐患。当位置选择受客观条件所限时，应在机房使用生命周期内及时采取有效措施进行补救；如对空调设备的排水管等部位应采取密封防漏处理，对墙壁或楼板进行防渗漏、防凝露、防震、防裂加固，并在水患区域部署水敏感检测设备进行渗漏水监测，从而达到保护关键信息基础设施及人员安全的目的。

4.4.1.2 物理访问控制（G3）

本项要求包括：

a）机房各出入口应安排专人值守或配置电子门禁系统，控制、鉴别和记录进出的人员；（增强）

> **释义：** 机房是系统运行最核心的区域，为避免非专业人员以及未经授权的人员进入机房接触、操作或破坏设备，并可以在发生事故后进行追溯，机房各出入

口应安排专人值守或配置电子门禁系统，控制进出人员范围、鉴别人员身份和记录进入、离开的时间等信息。机房的门禁系统应利用门禁识别卡、指纹等物理和生物识别方式只对机房专责人员开放，非专责人员或者来访人员进入机房应由相关责任人全程带领陪同，并对相关人员的信息、行动情况进行监控、鉴别和记录。

b）需进入机房的来访人员应经过申请和审批流程，并限制和监控其活动范围；

↳释义： 为防止来访人员在未经批准的情况下进入机房，操作机房内的设备，来访人员进入机房应经过申请和审批流程，明确进出人员及其活动范围。由专人全程陪同进入机房，限制并监控进入人员的活动范围，具有按照重要程度划分机房区域进行物理访问控制的机房，仅对其开放申请访问区域，并采用视频监控的方式限制和监控其活动范围。

c）应对机房划分区域进行管理，区域和区域之间应用物理方式隔断，在重要区域前设置交付或安装等过渡区域；（增强）

↳释义： 为避免非授权人员对重要系统的接触、操作、破坏或不同功能设备之间的相互干扰，对于含有三级系统的单位应按照不同等级系统的安全需求、功能和特性划分区域进行管理，建议将三级系统进行单独划域管理，区域与区域间应采用物理方式隔断设置物理访问控制措施，并在重要区域前设置过渡区域，进行物品交付或设备安装前的存放等。

d）重要区域应配置电子门禁系统，控制、鉴别和记录进出的人员。（增强）

↳释义： 为了对重要区域进行更加严格的物理防护，保证业务系统的正常运行，重要区域应配置电子门禁系统设置物理访问控制措施，与其他区域进行隔离，控制、鉴别和记录进出机房重要区域的人员。

4.4.1.3　防盗窃和防破坏（G3）

本项要求包括：

a）应将主要设备放置在机房内；

↳释义： 主要设备主要包括服务器、通信设备、UPS、空调等，将主要设备都部署在机房内部，一方面可以保证这些设备自身的物理环境安全；另一方面可以降低设备被非授权人员误操作的风险，同时也便于机房的统一规划和设备的管理与维护。

b）应将设备或主要部件进行固定，并设置明显的不易除去的标记；

↳释义： 将设备或者主要部件进行固定是指将设备通过导轨、螺丝钉等方式固定在机柜上，一方面可以防止其因自然灾害或者人为误碰导致设备移位甚至跌落而损坏设备；另一方面可以提高设备被盗窃或破坏的难度，降低失窃风险；设置明显不易除去的标记可以使维护人员容易区分设备和明确其功能、重要程度等，在机房的管理、维护人员发生变更时，可以使其快速掌握设备情况，便于进行管理、维护。

c）应将通信线缆铺设在隐蔽处，可铺设在地下或管道中；

↳释义： 所谓通信线缆铺设在隐蔽的地方，一般是指铺设在地板下的管道或者线槽中，一方面可以保护线路使其不易被损坏，另一方面也使得机房整洁规范，也便于机房线路的维护管理乃至升级改造。

d）应对介质分类标识，存储在介质库或档案室中；

↳释义： 所谓介质主要包括备份存储介质、纸质档案和电子档案等，这些介质对于系统维护乃至发生事故时快速恢复都会起到非常关键甚至是决定性的作用。将这些介质按功能、性质等属性进行分类标识，并存放在相应的介质库或档案室中，一方面能保证介质的安全，另一方面也便于介质的管理和维护。

e）应利用光、电等技术设置机房防盗报警系统；

↳释义： 机房利用光、电等技术防盗报警是指使用红外、人像识别等技术发现非法进入人员，并通过警报等易于操作的方式通知机房维护人员，防止机房在无人值守的情况下被非法入侵，盗窃或破坏设备。

f）应对机房设置监控报警系统。

↳释义： 机房设置视频监控报警系统主要是为了使机房管理人员能及时掌握机房的安全以及环境状况，监控范围包括机房所有出入口，重要区域等，保证视频记录和监测记录可存储 30 日以上的数据，在机房出现不明人员进入或者在机房环境发生变化时能起到防盗报警和灾情监测等作用，同时起到事故责任追溯作用。

4.4.1.4　防雷击（G3）

本项要求包括：

a）机房建筑应设置避雷装置；

↳释义： 雷击是一种常见的自然灾害，防雷，是指通过组成拦截、疏导最后泄放入地的一体化系统方式以防止由直击雷或雷电的电磁脉冲对建筑物本身或其内部设备造成损害的防护技术，为防止雷击和感应雷对电子设备的损害，机房所在建筑物应设置避雷装置，一般采取避雷针、防雷网（带）、接闪器等装置捕获雷电并通过引下线和接地体把雷电引入大地，防止雷击对设备的损害。

b）应设置防雷保安器，防止感应雷；

> **释义：** 雷电容易引起瞬间的强电流或高电压，其一旦进入电子设备，极易对电子设备造成严重的损害，击穿电子元件。防雷保安器是防止感应雷电破坏计算机信息系统的保安装置，可分为两大类：电源线防雷保安器(简称电源防雷保安器)和信号传输线防雷保安器(简称通道防雷保安器)，均能在很大程度上降低雷电对信息系统及其设备造成的风险。目前一般在机房的供电装置上设置防雷保安器，防止感应雷通过电源线进入机房损坏设备或影响系统运行，通信线缆则一般采用金属屏蔽和接地等方式防止感应雷。

c）机房应设置交流电源地线。

> **释义：** 机房设置交流电源地线主要为了把感应雷引入地下，同时也避免因设备漏电或者电源零线出现问题时而对运行维护人员造成的触电等危害。

4.4.1.5 防火（G3）

本项要求包括：

a）机房应设置火灾自动消防系统，能够自动检测火情、自动报警，并具有自动灭火功能；（落实）

> **释义：** 火灾可导致信息系统毁灭性的破坏，做好机房防火工作是非常重要的任务。因此机房应设置灭火设备和火灾自动消防系统。其中灭火设备不宜采用干粉、泡沫灭火器，建议采用七氟丙烷、三氟甲烷等灭火器，灭火设备应安置在显眼的位置，并建立相关检查和维护记录以确保灭火设备的可用性和有效性。火灾自动消防系统，应能够利用烟感、温感等装置自动检测火情并自动报警，并具有自动灭火的功能，降低火灾对机房的危害。

b）机房及相关的工作房间和辅助房应采用具有耐火等级的建筑材料；

> **释义：** 机房及相关工作房间和辅助房一般包括机房、机房的值班室、非在运行设备及物资的存放室和气体灭火装置的气罐安放室等，内外墙壁均应采用具有防火涂料、隔热板、铝板、钢板等阻燃或不然的材料进行建造或者处理。一方面可以降低机房及相关房间出现火灾的风险；另一方面也可以阻止周围出现火情时的蔓延，降低火灾危害。

c）机房应采取区域隔离防火措施，将重要设备与其他设备隔离开。

> **释义：** 机房区域与区域之间实现隔断，隔断需采取防火措施，将重要设备与其他设备隔离，主要是为了避免不同区域之间出现的火灾相互影响产生连带危

害，也便于保护重要设备的安全。

4.4.1.6　防水和防潮（G3）

本项要求包括：

a）与主机房无关的给排水管道不得穿过主机房，与主机房相关的给排水管道必须有可靠的防渗漏措施；（落实）

釋义： 机房内的绝大部分设备都属于电子设备，一旦漏水或受潮可能会使电子设备出现漏电甚至短路等情况，因此，与主机房无关的给排水管道严禁穿过主机房。与主机房相关的给排水管道如机房空调、除湿机等的给排水管道等，这些与机房相关的给排水管道应采用不易被水锈蚀和损坏的材质，例如采用铜管，并且应尽量设置在机房边缘，以缩短在机房内铺管长度，在埋设相应管道的地方应有明显标识，相关连接部位也应进行密封防渗漏处理，在机房使用生命周期内及时采取有效措施进行补救，以此来达到降低出现漏水风险的目的。

b）应采取措施防止雨水通过机房窗户、屋顶和墙壁渗透；

釋义： 雨水是机房漏水、渗水的重要来源，而雨水一般通过窗口、屋顶和墙壁进入机房，因此应对其采取防水和防渗漏措施。例如对窗户进行密封处理或拆除窗户，机房粉刷防水涂层等，对于出现过渗水屋顶和墙壁，应及时采取防渗透处理措施并对可能被渗透水危害设备进行重点保护，同时也应考虑机房的选址是否合理、建筑质量是否合格。对于新建机房在选址时应该选择建筑内的非顶层以及非边缘区域，并封闭窗户，以此来降低雨水通过窗户、屋顶和墙壁渗透的风险。

c）应采取措施防止机房内水蒸气结露和地下积水的转移与渗透；

釋义： 水蒸气结露和地下积水也是机房内设备受到水影响的重要原因，应部署精密空调或者除湿装置来对空气湿度进行调节，并安装检测及报警设备进行监测，检测到地下积水要第一时间进行清除，防止地下积水的转移与渗透。

d）应安装对水敏感的检测仪表或元件，对机房进行防水检测和报警。

釋义： 应在机房地板下、存在给排水管道等区域以及窗户附近区域安装水敏感检测仪表或元件，如机房环境检测系统等，在发生漏水时能够及时检测到并进行报警，使维护人员能及时采取有效的应对措施。

4.4.1.7　防静电（G3）

本项要求包括：

a）主要设备采用必要的接地防静电措施；

> **释义：** 静电，是一种处于静止状态的电荷或者说不流动的电荷，静电可能引起电子设备的故障或误动作，造成电磁干扰，或击穿集成电路和精密的电子元件、促使元件老化。尤其是精密的电子元件对于静电极为敏感。因此应采取接地、安装离子风机等措施防止静电对电子设备的危害，尤其在是我国北方地区，气候干燥，极易产生静电。应对机房内的主要设备和机柜等采取接地措施并保证接地符合相关要求，工作台等应采用不易产生静电的材料，以减少静电危害的发生。

b）机房应采用防静电地板。

> **释义：** 防静电地板又叫做耗散静电地板。当它接地或连接到任何较低电位点时，使电荷能够耗散，机房采用防静电地板，具有导电的功能，地板表面的电荷就会通过地板传入地板下面的铜箔，经过铜箔进入埋入地下的导体，减少因物体与地面摩擦产生的静电，防止静电对电子设备产生危害。

4.4.1.8 温湿度控制（G3）

机房应设置温、湿度自动调节设施，使机房温、湿度的变化在设备运行所允许的范围之内。

> **释义：** 机房中理想的空气温度范围为 18~28℃，湿度范围为 40%~55%，高温会影响机房设备的正常运行，甚至造成设备死机，高湿度可能会在天花板、墙面及设备表面形成水珠，甚至可能造成连接点腐蚀问题，湿度过低则增加了静电产生的危害。因此，机房应设置温、湿度监控和自动调节措施，使机房温、湿度的变化在设备运行所允许的范围之内。例如：部署空调或其他温、湿度自动调节装置、配备环境监测系统，或采用人工方式对机房内各个检测点的温、湿度进行定期巡检、记录。

4.4.1.9 电力供应（A3）

本项要求包括：

a）应在机房供电线路上配置稳压器和过电压防护设备；

> **释义：** 稳压器是使输出电压稳定的设备；过电压是指当电压超过预定最大值时，使电源断开或使受控设备电压降低的一种保护方式，稳定、充足的电力供应是维持系统持续正常工作的重要条件。许多因素会威胁到电力系统，最常见的是电力波动，电力波动对一些精密的电子配件会造成严重的物理损害。因此，应控制电力的波动范围在 10% 以内。机房供电线路上一般通过部署稳压器和过电压防护设备来减小电力波动对电子设备的影响。

b）应提供短期的备用电力供应，至少满足主要设备在断电情况下的正常运行要求；

↳释义： 电力设备的损坏、检修、改造或者自然灾害都可能造成外部电力供应的中断，电力供应的突然中断除了会造成系统服务中断外，还可能会给电子设备造成严重的物理损害。因此，应配备足够容量的不间断电源（UPS），一方面可以保证机房内的主要设备在外部电力中断的情况下仍能进行短期（一般情况下应超过半小时）的正常运行；另一方面也降低设备被损坏的风险。

c）设置冗余或并行的电力电缆线路为计算机系统供电，输入电源应采用双路自动切换供电方式；（增强）

↳释义： 设置冗余或并行的电力电缆线路为计算机系统供电，输入电源采用来自不同变电所的双路或多路自动切换供电方式，可以保证机房内的设备长时间的不间断供电，保障设备的安全稳定运行。

d）应建立备用供电系统。

↳释义： 为机房建立备用供电系统，主要是保障发生自然灾害等特殊情况下造成的电网供电中断的应急电力使用，一般可以通过配备发电车或者柴油发电机的方式来实现。

4.4.1.10　电磁防护（S3）

本项要求包括：

a）电源线和通信线缆应隔离铺设，避免互相干扰；

↳释义： 强电电缆和通信线在并行铺设时，可能会产生感应电流和干扰信号，极可能导致通信线缆中传输的数据信息被破坏或者无法识别。机房布线时应把强电电缆和通信线缆隔离铺设在不同的具有电磁屏蔽作用的线槽或者管道中，以此来达到避免互相干扰的目的。

b）应采用接地方式防止外界电磁干扰和设备寄生耦合干扰；

↳释义： 电磁干扰是干扰电缆信号并降低信号完好性的电子噪声；寄生耦合是指在设计的耦合之外由于布线或器件特性而额外产生的耦合现象，电磁干扰可能会破坏设备内的数据信息，设备寄生耦合干扰可能影响设备的性能，一般可以采用接地的方法来防止外界电磁干扰和设备寄生耦合干扰，减少外部设备和机房内部强电干扰源对信息系统设备的瞬间干扰。

c）应对关键设备和磁介质实施电磁屏蔽。

> **释义：** 电子设备在运行时会产生电磁信号，存在被外界截获电磁信号并破解造成数据信息泄露的风险，有些敏感的设备和磁介质在受到强电磁干扰时可能无法正常运行或者造成数据读写错误。因此，应对关键设备和磁介质实施电磁屏蔽，例如可以将关键设备和磁介质安置于电磁屏蔽机柜内实现电磁屏蔽。

4.4.2 网络安全

4.4.2.1 结构安全（G3）

本项要求包括：

a）管理信息大区网络与生产控制大区网络应物理隔离；两网之间有信息交换时应部署符合电力系统安全防护要求的单向隔离装置；（新增）

> **释义：** 根据《电力二次系统安全防护规定》要求，电力调度数据网应当在专用通道上使用独立的网络设备组网，在物理层面上实现与电力企业其他数据网及外部公共信息网的安全隔离。因此为确保电力控制系统和电力调度数据网络的安全，抵御黑客、病毒、恶意代码等各种形式的恶意破坏和攻击，防止电力二次系统的崩溃或瘫痪，在生产控制大区与管理信息大区之间必须设置经国家指定部门检测认证的电力专用横向单向安全隔离装置，隔离强度应接近或达到物理隔离。电力专用横向安全隔离装置作为生产控制大区与管理信息大区之间的必备边界防护措施，是横向防护的关键设备。

b）管理信息大区网络可进一步划分为内部网络和外部网络，两网之间有信息交换时边界防护强度应强于逻辑隔离；（新增）

> **释义：** 为进一步保障管理信息大区安全，防止互联网对内部网络造成的安全威胁，管理信息大区可进一步划分为内部网络和外部网络。内部、外部网络之间应采用隔离强度强于普通硬件防火墙或具有访问控制功能的网络设备所实现的逻辑隔离。

c）电力（集团）公司应逐步统一互联网出口；（新增）

> **释义：** 为加强互联网出口管控，减少来自互联网的信息安全威胁，电力企业应根据实际情况逐步统一本级单位和下属单位的互联网出口。

d）单个系统可单独划分安全域，系统可由独立子网承载，每个域的网络出口应唯一；（新增）

> **释义：** 安全域主要根据信息的性质、使用主体、安全目标和策略等元素的

不同来划分的不同逻辑子网或网络，每个逻辑区域有相同的安全保护需求，具有相同的安全访问控制和边界控制策略，区域间具有相互信任关系，且相同的网络安全域共享同样的安全策略。为加强三级系统的边界安全，单个三级系统可划分独立的网络安全域，安全域设置唯一的网络出口，并在网络边界处部署相应的安全设备进行访问控制。

e）应保证主要网络设备的业务处理能力具备冗余空间，满足业务高峰期需要；

↳**释义：** 为了保证信息系统具有高可用性，主要网络设备应具有硬件性能与带宽的冗余能力，如防火墙并发数、路由器模块化（双引擎板卡设计）、核心交换机的背板线速等硬件性能在处理业务时需要具备一定的空闲资源以应对高峰期的突发业务流；可部署设备监控系统来监测设备性能与业务流带宽占用，优先保障重要业务流的处理。

f）应保证网络各个部分的带宽满足业务高峰期需要；

↳**释义：** 为了保证业务系统具有连续性，系统高峰运行时所占的带宽不应超过网络各层交换、接入、安全设备设计带宽的 70%，确保突发情况下网络可有一定的带宽冗余保障业务系统正常运行。

g）应在业务终端与业务服务器之间进行路由控制建立安全的访问路径；

↳**释义：** 在网络路由配置中主要有静态路由和动态路由。静态路由是指由网络管理员手工配置的路由信息，当网络的拓扑结构或链路的状态发生变化时，网络管理员需要手工修改路由表中相关的静态路由信息。动态路由是指路由器能够自动地建立自己的路由表，并且能够根据实际情况的变化适时地进行调整。动态路由机制的运作依赖路由器的两个基本功能：对路由表的维护和路由器之间适时的路由信息交换。路由器之间的路由信息交换是基于路由协议实现的，如 OSPF 路由协议是一种典型的链路状态的路由协议，它通过路由器之间通告网络接口的状态来建立链路状态数据库，生成最短路径树，每个 OSPF 路由器使用这些最短路径构造路由表。如果使用动态路由协议应配置使用路由协议认证功能，保证网络路由安全。

h）应绘制与当前运行情况相符的网络拓扑结构图，主要包括设备名称、型号、IP地址等信息，并提供网段划分、路由、安全策略等配置信息；（增强）

↳**释义：** 为了便于网络管理和运维，应绘制与当前运行情况相符的网络拓扑结构图并及时更新，拓扑图应至少包括网络的整体架构，存在的网络边界，主要的系统、网络设备、安全设备的部署和冗余情况，并附有详细的台账和配置清单，台账内容应包括设备名称、型号、IP 地址等信息，配置清单中应包括网段划分、路由、安全策略等配置信息。当网络拓扑结构发生改变时，应及时更新网络拓扑结构图和相关台账、清单的信息。

i）应根据各部门的工作职能、重要性和所涉及信息的重要程度等因素，划分不同的子网或网段，并按照方便管理和控制的原则为各子网、网段分配地址段；

释义： 为有效利用和规划 IP 地址，减少广播域，加强安全防护，根据实际情况和安全区域防护要求，应在主要网络设备上进行 VLAN 划分。不同 VLAN 内的报文在传输时是相互隔离的，如果不同 VLAN 要进行通信，则需要通过路由器或三层交换机等三层设备实现。

j）在业务高峰时段，现有宽带不能满足要求时，应按照对业务服务的重要次序来制定带宽分配优先级，优先保障重要业务服务的带宽；（落实）

释义： 为了保证重要业务服务的连续性，应按照对业务服务的重要次序来指定带宽分配优先级别，从而保证在网络发生拥堵时优先保护重要业务系统。可采用在交换机配置 QoS 及部署带宽分配系统等方式实现。

k）采用冗余技术设计网络拓扑结构，提供主要网络设备、通信线路的硬件冗余，避免关键节点存在单点故障；（增强）

释义： 为了防止个别网络设备故障对网络传输能力的影响，保证重要业务服务的连续性，应对核心网络设备，重要系统的汇聚、接入设备进行双机冗余，骨干通信线路、设备实现双线路和硬件冗余，从而避免关键节点存在单点故障。

l）在进行内外网隔离的情况下，应将应用系统部署在内网，如有外网交互功能的应用系统，可将前端部署在外网，数据库部分可部署在内网。（新增）

释义： 为了防止通过外网服务而造成整个系统的安全风险，在内外网隔离的环境下，应将应用系统部署在内网；对于有外网交互功能的应用系统，应把应用系统前端（如 WEB 服务）部署在外网 DMZ 区，将数据库部分部署在内网，起到保护敏感数据的作用。

4.4.2.2　访问控制（G3）

本项要求包括：

a）应在网络边界部署访问控制设备，启用访问控制功能；

释义： 为了防止非授权访问，应在网络边界处部署访问控制设备，保护内部系统的安全。能够启用访问控制功能的设备包括网闸、防火墙、具有访问控制列表（ACL）功能的三层路由器、交换机等。

b）应能根据会话状态信息为数据流提供明确的允许/拒绝访问的能力，控制粒度为端口级；

释义： 为了防止非授权访问，有访问控制功能的设备应为数据流提供明确源/目的地址及端口的允许、拒绝访问的能力，从而保护内部系统的安全。一般来说，在网络边界防火墙和具有访问控制功能的交换机、路由器上配置访问控制列表对进出网络的流量进行过滤。

c）应按用户和系统之间的允许访问规则，决定允许或拒绝用户对受控系统进行资源访问，控制粒度为单个用户。以拨号或 VPN 等方式接入网络的，应采用两种或两种以上的认证方式，并对用户访问权限进行严格限制；（增强）

释义： 为了防止未授权的用户越权访问系统，应通过配置防火墙或其他安全防护设备用户和用户组的方式结合访问控制规则，对认证成功的用户允许访问受控资源。对通过远程采用 VPN 或拨号技术或通过其他方式连入单位网络的用户，应采用两种或两种以上的认证方式，其中一种认证方式所利用的信息最好具有不可复制性，如采用口令和指纹识别 U 盾相结合方式认证，并按安全需求对远程用户的访问权限进行严格控制。

d）应限制具有拨号、VPN 等访问权限的用户数量；（增强）

释义： 为了加强拨号和 VPN 用户的管理，防止权限的滥用，应限制通过远程采用拨号、VPN 等方式连入单位网络的用户数量。

e）应对进出网络的信息内容进行过滤，实现对应用层 HTTP、FTP、TELNET、SMTP、POP3 等协议命令级的控制；

释义： 为了防止敏感信息泄露和传播，可采用应用层安全网关、防火墙或邮件网关等安全设备，实现对应用层协议（如：HTTP、FTP、TELNET、SMTP、POP3 等）命令级的控制和过滤。

f）应在会话处于非活跃一定时间或会话结束后终止网络连接；

释义： 当恶意用户进行网络攻击时，有时会发起大量会话连接，建立会话后长时间保持状态连接从而占用大量网络资源和系统资源，最终出现将网络资源和系统资源耗尽的情况。因此应在会话终止或长时间无响应的情况下终止网络连接，释放被占用网络资源和系统资源，保证业务可以被正常访问。可在网络设备上配置相关参数或采用专门设备进行防护。

g）在互联网出口和核心网络接口处应限制网络最大流量数及网络连接数；（细化）

释义： 为了防止由攻击引起或网络流量或者连接数过大造成网络拥塞，影响业务正常运行，可在网络设备上配置参数限制网络连接数和最大流量，从而保证业务带宽不被占用，业务系统可以对外正常提供业务。

h）重要网段应采取技术手段防止地址欺骗。

释义： 地址欺骗在网络安全中比较常见的问题，这里的地址可以是 MAC 地址，也可以是 IP 地址。目前发生比较多的是 ARP 地址欺骗，ARP 地址欺骗是 MAC 地址欺骗的一种。ARP 是一个位于 TCP/IP 协议栈中的低层协议，负责将某个 IP 地址解析成对应的 MAC 地址。从影响网络连接通畅的方式来看，ARP 欺骗分为两种，一种是对网络设备 ARP 表的欺骗，另一种是对内网 PC 的网关欺骗。第一种 ARP 欺骗的原理是截取网关数据。它通知网络设备一系列错误的内网 MAC 地址，并按照一定的频率不断进行，使真实的地址信息无法通过更新保存在网络设备中，结果网络设备的所有数据只能发送给错误的 MAC 地址，造成正常 PC 无法收到信息。第二种 ARP 欺骗的原理是伪造网关。它的原理是建立假网关，让被它欺骗的 PC 向假网关发数据，而不是通过正常的途径上网。一般来说，ARP 欺骗攻击的后果非常严重，大多数情况下会造成大面积掉线。为了防止 IP 地址欺骗，可采用在关键设备上进行 IP /MAC 绑定措施解决。

4.4.2.3 安全审计（G3）

本项要求包括：

a）应对网络系统中的网络设备运行状况、网络流量、用户行为等进行日志记录；

释义： 为了便于监控和事后调查，需对网络设备的运行状况、网络流量、管理记录等进行监测和记录，可启用系统日志功能或采用旁路审计的方式。

b）审计记录应包括：事件的日期和时间、用户、事件类型、事件是否成功及其他与审计相关的信息；

↳释义： 为了保证监控和事后调查中能在审计日志中获取完整可用的信息，对于网络设备和安全设备日志审计内容至少应包括时间、类型、用户、事件类型、事件是否成功等相关信息。一般建议审计记录保存期限在半年以上。

c）应能够根据记录数据进行分析，并生成审计报表，网络设备不支持的应采用第三方工具生成审计报表；（落实）

↳释义： 为了便于管理员对能够及时准确地了解网络设备运行状况和发现网络入侵行为，应对设备生成的记录和报表进行定期分析。如设备不支持生成审计报表，可采用第三方工具进行。

d）应对审计记录进行保护，避免受到未预期的删除、修改或覆盖等。

↳释义： 为了防止审计记录被越权访问或者非法删除，应采用系统用户的设备管理和设备日志审计权限分离及日志记录安全备份等措施，实现对审计记录的授权访问和日志证据的有效留存。

4.4.2.4 边界完整性检查（S3）

本项要求包括：

a）应能够对非授权设备私自连接到内部网络的行为进行检查，准确定出位置，并对其进行有效阻断；

↳释义： 为了防止非授权设备私自联入网络，进行非法访问，可以采用技术手段和管理措施对非法接入行为进行检查。常用的技术手段包括部署网络准入系统，在终端安装管理软件，对网络接入设备和客户端进行集中管理，对发现的非法接入设备进行阻断并可形成报告。此外应关闭网络设备未使用的端口且对使用中的端口进行 IP/MAC 地址绑定等。

b）应能够对内部网络用户私自连接到外部网络的行为进行检查，准确定出位置，并对其进行有效阻断；

↳释义： 非法外联行为绕过了边界安全设备的统一管理，打破了网络边界的统一控制，为了防止内部用户私自连接到外部非受控网络感染病毒木马导致敏感信息泄露，可采用内网安全管理系统的非法外联监控功能或非法外联监控软件实现对非法外联设备接入其他网络的阻断，并可形成报表报告其终端位置。

c）应逐步采用网络准入、终端控制、身份认证、可信计算等技术手段，维护网络边界完整性。（新增）

> **释义：** 应根据网络的组网形式、用户分布特点、终端接入形式、安全要求级别等，在网络和信息系统的规划建设中依据统一的边界防护策略，逐步综合采用网络准入、终端控制、身份认证、可信计算等技术手段，维护网络边界的完整性，提升网络安全的主动防御、整体防御、综合防御能力。

4.4.2.5 入侵防范（G3）

本项要求包括：

a）应在网络边界处监视以下攻击行为：端口扫描、强力攻击、木马后门攻击、拒绝服务攻击、缓冲区溢出攻击、IP 碎片攻击和网络蠕虫攻击等；

> **释义：** 为维护网络安全，应进行主动的网络行为检测和监控，以检查是否发生了网络入侵和攻击行为。完整的网络入侵防范应首先实现对事件的特征分析功能，以发现潜在的攻击行为。应能发现目前主流的各种攻击行为，如端口扫描、强力攻击、木马后门攻击、拒绝服务攻击、缓冲区溢出攻击、IP 碎片攻击和网络蠕虫攻击等。在现有技术条件下，主要是通过在网络边界部署包含入侵防范功能的安全设备，如入侵检测系统/入侵防御系统（IDS/IPS）、包含入侵防范模块的多功能安全网关（UTM）等，来防范网络非法入侵。

b）当检测到攻击行为时，记录攻击源IP、攻击类型、攻击目的、攻击时间，在发生严重入侵事件时应提供报警。

> **释义：** 为了保证检测到的攻击行为日志信息完整可用，当检测到攻击行为时，应能够对攻击源IP、攻击类型、攻击目的和攻击时间等信息进行日志记录。通过这些日志记录，可以对攻击行为进行审计分析和追踪溯源。当发生严重入侵事件时，应能够及时向有关人员报警，报警方式包括短信、邮件、声光报警等。

4.4.2.6 恶意代码防范（G3）

本项要求包括：

a）应在网络边界处对恶意代码进行检测和清除；

> **释义：** 为了防止计算机病毒、木马和蠕虫从网络边界处入侵而造成的传播破坏，应在网络边界处部署防恶意代码产品进行恶意代码防范。防恶意代码产品目前主要包括防病毒网关、包含防病毒模块的多功能安全网关等。其至少应具备的功能包括：对恶意代码的分析检查能力，对恶意代码的清除或阻断能力，以及发现恶意代码后记录日志和审计，并包括对恶意代码特征库的升级和检测系统的更新能力。

b）应维护恶意代码库的升级和检测系统的更新。

> **释义：** 恶意代码具有特征变化快的特点，因此对于影响恶意代码检测效果的特征库更新以及检测系统自身的更新都非常重要。防恶意代码产品应具备通过多种方式实现恶意代码特征库和检测系统更新的能力。如自动远程更新、手动远程更新和手动本地更新等方式。

4.4.2.7 网络设备防护（G3）

本项要求包括：

a）应对登录网络设备的用户进行身份鉴别；

> **释义：** 一般来说网络设备管理用户登录网络设备方式包括：利用控制台端口（Console）通过串口进行本地连接登录，利用辅助端口（AUX）通过 MODEM 进行远程拨号连接登录或者利用虚拟终端(VTY)通过 TCP/IP 网络进行远程 SSH 登录等。为了防止非授权人员对网络设备的非法访问，应在登录网络设备时对用户身份进行鉴别，并根据使用者身份设置权限（如日常维护、审计等），避免使用特权用户身份进行日常操作。

b）应对网络设备的管理员登录地址进行限制；

> **释义：** 为了保证管理员对网络设备安全访问的同时避免其他人的未授权访问，推荐采用带外管理，使用专用 IP 地址和固定的网络端口，将管理数据流与其他业务数据流分开，能够有效地增加安全性。

c）网络设备标识应唯一，同一网络设备的用户标识应唯一，禁止多人共用一个账号；（增强）

> **释义：** 为了方便管理和审计，应制定网络设备、安全设备的命名规则，防止出现同名设备，并禁止多人共用一个账户，实行分账户、分权限管理，每名管理员设置一个单独的账户，避免出现问题后不能及时进行追踪溯源。

d）身份鉴别信息应不易被冒用，口令复杂度应满足要求并定期更换；应修改默认用户和口令，不得使用默认口令；口令长度不得小于 8 位，且为字母、数字或特殊字符的混合组合，用户名和口令不得相同；禁止明文存储口令；（增强）

> **释义：** 为了防止鉴别口令被暴力破解或冒用，设置口令时不应使用默认用户和默认口令，口令长度不得小于 8 位，且为字母、数字或特殊字符的混合组合，用户名和口令不得相同；禁止明文存储口令，以 Cisco 路由器为例，使用 service password-encryption 命令对存储在配置文件中的所有口令和类似数据进行加密，但最好的口令存储方法还是保存在 TACACS+或 RADIUS 认证服务器上。

e）主要网络设备应对同一用户选择两种或两种以上组合的鉴别技术来进行身份鉴别；

> **释义：** 身份鉴别技术目前主要以用户名/口令为主，为了防止因用户名/口令丢失或遭到破解造成的非授权访问，三级及以上系统应采取两种或以上身份鉴别措施，常见的身份鉴别措施还有基于密钥证书（如 USBKey、令牌、数字证书）和基于生物特征（如指纹、虹膜、面部特征）。采取两种或两种以上组合的身份鉴别技术，可以有效防止非授权用户的恶意访问，提高系统的安全性。

f）应具有登录失败处理功能，可采取结束会话、限制非法登录次数和当网络登录连接超时自动退出等措施；

> **释义：** 为了防止恶意猜解口令，应限制登录失败的次数，例如为 3 次；为了防止越权访问，避免一个空闲的任务一直占用登录资源，应配置设备远程和本地登录超时退出。以 Cisco 路由器为例，可以利用 exec-timeout 命令，配置 VTY 的超时。避免一个空闲的任务一直占用 VTY。

g）当对网络设备进行远程管理时，应采取必要措施防止鉴别信息在网络传输过程中被窃听；

> **释义：** 当对网络设备进行远程管理时，为避免鉴别信息在传输过程中被窃听，不应当使用明文传送的 Telnet、HTTP 服务，而应当采用 SSH、HTTPS 等加密协议等方式进行交互式管理。

h）应实现设备特权用户的权限分离，系统不支持的应部署日志服务器保证管理员的操作能够被审计，并且网络特权用户管理员无权对审计记录进行操作；（**细化**）

> **释义：** 默认条件下网络设备有默认的权限级别，应根据实际需要为用户分配完成其任务的最小权限，应避免日常运维人员具有操作审计用户的权限。

i）应关闭不需要的网络端口，关闭不需要的网络服务。如需使用 SNMP 服务，应采用安全性增强版本；并应设定复杂的 Community 控制字段，禁止使用 Public、Private 等默认字段。（**新增**）

> **释义：** 网络设备中默认开启的服务中可能存在安全漏洞，应关闭不需的服务和端口。以 Cisco 设备为例，其 CDP、TCP\UDP Small service 、finger、BOOTP、IP Source Routing、ARP-Proxy、IP Directed Broadcast、WINS 和 DNS 等服务均可关闭。SNMP（简单网络管理协议）低端版本存在安全漏洞，被恶意利用后对网络设备造成安全隐患。若不需要使用 SNMP 服务，建议禁用 SNMP 服务。必

须使用 SNMP 服务时，应采用安全性增强的版本，设定复杂的 Community 控制字段，禁止使用 Public、Private 等默认字段。

4.4.3 主机安全

4.4.3.1 身份鉴别（S3）

本项要求包括：

a）应对登录操作系统的用户进行身份标识和鉴别；

↘释义： 为了防止未授权的访问者进入操作系统和数据库系统获取信息或进行恶意操作，必须对操作系统和数据库系统的用户进行身份标识，并在其登录系统时对其身份进行鉴别和认证。操作系统和数据库系统应配置策略，要求访问用户在登录系统时，提交身份鉴别信息，例如：用户名/口令。经系统鉴别和认证后，方允许用户进行访问。

b）操作系统和数据库系统管理用户身份鉴别信息应不易被冒用，口令复杂度应满足要求并定期更换。口令长度不得小于 8 位，且为字母、数字或特殊字符的混合组合，用户名和口令不得相同；（细化）

↘释义： 操作系统和数据库系统管理用户身份鉴别信息常见为用户名/口令，为防止恶意猜解用户名/口令，需对口令进行复杂度设置，要求口令长度不小于 8 位，且满足字母、数字或特殊字符的组合，并启用定期更换口令的策略。

Windows 操作系统中口令策略设置可参考：强制口令历史（3 个）、最短口令长度（8 个字符）、复杂性要求（启用）、最长使用期（70 天）等；Linux 操作系统中口令策略设置可参考：口令的最大过期天数（90 天）、口令的最小长度（8 个字符）、是否采用 md5 加密（yes）等；Oracle 数据库可通过启用口令复杂性函数进行配置；其他数据库口令复杂度检测功能参照相关技术手册。

c）应启用登录失败处理功能，可采取结束会话、限制非法登录次数和自动退出等措施；应限制同一用户连续失败登录次数；（增强）

↘释义： 操作系统和数据库系统尽管设置了一定强度的口令，但非授权用户仍可以通过反复尝试输入口令甚至暴力破解获得系统的访问权限。因此，除了设置口令复杂度外，还应限制用户连续输入错误口令的次数，即启用系统登录失败处理功能。

Windows 操作系统需通过"账户锁定策略"来对用户的失败登录次数、锁定时间进行设置。例如，"账户锁定阈值"为 3 次，账户锁定时间为 30 分钟，即用户连续失败登录 3 次，将会禁止该账户在 30 分钟内重新尝试登录。

对于 UNIX 或 Linux 系统，不同的操作系统其配置文件均有差别。例如：Aix 需配置 /etc/security/login.cfg 文件中的 logindelay 失败登录之间间隔的秒数、logindisable 在锁定端口前允许的失败登录次数、logininterval 在一定时间内登录失败才锁定端口、loginreenable 端口锁定解锁时间；HP-UX 则需配置 /tcb/files/auth/system/default 文件中的 u_maxtrie、t_maxtries、t_logdelay 不为 0 等。

Oracle 数据库可通过 unlimited 值进行配置，SQL Server 数据库可查看 sp_configure 文件的设置情况。

d）当对服务器进行远程管理时，应采取必要措施，防止鉴别信息在网络传输过程中被窃听；

↘释义： 远程管理是指在系统开发、测试和运维过程中，系统管理人员通过远程访问协议来对目标系统进行访问和操作。目前常见的远程访问协议有 Windows 的远程终端服务（Remote Terminal Services）、Telnet 和 SSH 等。如果使用明文传输的远程访问协议，管理人员的身份鉴别信息（如用户名/口令）极易遭受网络窃听被非法窃取并使用，因此必须使用基于加密技术的远程访问协议。

Windows Terminal Services（WTS）又称为远程终端服务，默认服务端口为 3389，在 Windows XP 中称为"远程桌面（Remote Desktop）"。微软在 Windows Server 2003 SP1 中针对终端服务提供了 SSL 加密功能，从而实现对 RDP 客户端提供终端服务器的身份验证、加密与 RDP 客户端的通信。要使用终端服务器的 SSL 加密功能，终端服务器组件的版本必须是 RDP2.5 或以上，即所运行的操作系统必须是 Windows Server 2003 SP1 或更新版本，客户端操作系统必须是 Windows 2000、Windows XP 或 Windows Server 2003。

Linux 也可通过 Telnet、SSH 进行远程登录，Telnet 在数据传输过程中，账户与口令均为明文传输，极易被恶意用户窃取。SSH 具有加密和认证功能，能保证所传输的数据的保密性。

Oracle、SQL Server 等数据库都可通过配置 SSL 方式对传输数据进行加密。

e）应为操作系统和数据库系统的不同用户分配不同的用户名，确保用户名具有唯一性；

↘释义： 操作系统在创建用户时，会为其定义其属性构成，包括其权限、审计、环境、认证条件等。因此，用户名的唯一性可防止用户权限的冒用，并支持对用户的重要操作进行严格审计。

操作系统在创建用户时会为其配备一个唯一性标识，这种唯一性标识可以是

UID 也可以是账户名。Windows 系统会为用户分配一个 SID，该标识在全球范围内不会重复出现，因此 Windows 用户标识符合唯一性要求。Linux 系统在内核中以整数对用户进行标识，作为用户标示符或 UID，该标识也是唯一的，因此 Linux 用户标识符合唯一性要求。Oracle、SQL Server 等数据库均不能创建同名的账户。

f）应采用两种或两种以上组合的鉴别技术对管理用户进行身份鉴别。

↳释义： 身份鉴别技术目前主要以用户名/口令为主，为了防止因用户名/口令丢失或遭到破解造成的非授权访问，三级及以上系统应采取两种或以上身份鉴别措施，常见的身份鉴别措施还有基于密钥证书（如 USBKey、令牌、数字证书）和基于生物特征（如指纹、虹膜、面部特征）。采取两种或两种以上组合的身份鉴别技术，可以有效防止非授权用户的恶意访问，提高系统的安全性。

4.4.3.2　访问控制（S3）

本项要求包括：

a）应启用访问控制功能，依据安全策略控制用户对资源的访问；

↳释义： 访问控制是指根据用户的身份及其业务需求规定其对信息资源的访问和使用权限。访问控制的功能主要有：防止非法的主体进入操作系统和数据库系统；允许合法用户访问操作系统和数据库系统；防止合法的用户对操作系统和数据库系统进行非授权的访问。对于操作系统和数据库系统而言，常用的保护措施包括定义用户的文件访问权限、分配角色权限和限制文件共享功能。例如：对于 Windows 操作系统，普通用户对于系统重要文件的权限仅为"列出文件夹内容"、"读取"，且关闭默认共享；Linux 操作系统中普通用户对于系统重要文件的权限仅为只读；数据库系统中用户仅具有其所需的最小权限。

b）应根据管理用户的角色分配权限，实现管理用户的权限分离，仅授予管理用户所需的最小权限；

↳释义： 操作系统在创建用户时，通常包括管理用户和普通用户，在有多个应用环境的情况下，还会对不同的应用用户进行划分，例如数据库管理员、应用系统管理员等。根据用户的角色定位，及其所涉及的功能要求进行权限划分，仅授予各用户所需的最小权限，能有效避免误操作，防止用户拥有不必要的操作权限。

c）应实现操作系统和数据库系统特权用户的权限分离；

↳释义： 为方便使用，目前主流通用操作系统和数据库系统都缺省存在默认的特权用户，例如 Windows 上的 Administrator、UNIX 上的 root、Oracle 上的

System、SQL Server 数据库上的 sa 等。这些特权用户可以直接对系统软硬件资源进行分配，例如用户权限分配、配置管理、服务启停、备份恢复等，存在越权使用系统资源、非授权访问敏感信息等安全风险。应采取适当的技术手段，将这些角色分别授予不同的人员，实现操作系统和数据库系统管理员和审计员的权限分离，一方面是为了遵守系统的最小特权原则；另一方面能够避免特权用户的权限滥用和误操作，减小因权限管理不当造成的安全事件发生的概率。

d）应限制默认账户的访问权限，重命名系统默认账户，修改这些账户的默认口令；

释义： 默认账户是指在操作系统和数据库系统中自带的一些账户，在未经过安全配置前，默认账户存在默认口令。这些默认账户及口令的存在，导致恶意用户/非授权用户能够直接通过默认账户，轻易地获取系统的访问权限，从而获取重要信息或者执行恶意操作。因此，在实际使用当中，应当关闭或锁定默认账户、更改默认账户名称、修改默认口令防范非授权用户的越权访问。

常见默认账户/默认口令有：

Windows 操作系统：Administrator、Guest；

Linux/UNIX 操作系统：root/root；同时应在 etc/passwd 文件中，对以下默认缺省账号进行注释：lp、sync、shutdown、halt、news、uucp、operator、games、gopher；

Oracle 数据库：system/manager、sys/change_on_install、sysman/sysman、dbsnmp/dbsnmp、scott/tiger、outln/outln、adams/wood、jones/steel、clark/cloth、blake/paper；

SQL Server 数据库：sa/Null。

e）应及时删除多余的、过期的账户，避免共享账户的存在；

释义： 多余和过期账户如不及时删除，存在被恶意利用的风险。共享账户会导致审计困难，造成事件难以追溯。应避免出现多余、过期和共享账户。

f）应对重要信息资源设置敏感标记，主机不支持敏感标记的，应在系统级生成敏感标记，使系统整体支持强制访问控制机制；（落实）

释义： 敏感标记是实现强制访问控制的基础。其主要目的是表示主、客体的安全级别，以便信息系统依据统一的强制访问控制策略和敏感标记，通过适当的强制访问控制机制来决定主体对客体的访问操作。

g）应依据安全策略严格控制用户对有敏感标记重要信息资源的操作。

释义： 一旦信息系统具备了强制访问控制功能，那么管理用户必须严格按照强制访问控制策略实施敏感标记划分，规定各用户访问权限等。

4.4.3.3 安全审计（G3）

本项要求包括：

a）审计范围应覆盖服务器和重要客户端上的每个操作系统用户和数据库用户；系统不支持该要求的，应采用第三方安全审计产品实现审计要求；（落实）

↘释义： 操作系统和数据库系统通常都有自己的安全审计功能，但其默认设置通常不能满足安全审计要求，因此需要进行安全配置。正确的安全审计配置，能为系统的风险评估、策略优化、责任认定、事件追溯等提供证据，因此审计范围必须覆盖到服务器和重要客户端上每个用户及其使用的资源、时间、执行操作等。但对于一些业务或资源限制不支持审计功能的操作系统和数据库系统，应通过部署第三方安全审计产品来实现审计要求。

在 Windows 系统中需开启其"审核策略"，Linux 系统需配置和开启 syslog、audit 服务和进程。Oracle、SQL Server 等数据库可开启重要事件的审计功能，或使用第三方安全审计产品。

b）审计内容应包括重要用户行为、系统资源的异常使用和重要系统命令的使用等系统重要安全相关事件，至少包括：用户的添加和删除、审计功能的启动和关闭、审计策略的调整、权限变更、系统资源的异常使用、重要的系统操作（如用户登录、退出）等；（细化）

↘释义： 审计内容应包括重要用户行为、系统资源的异常使用和重要系统命令的使用等系统重要安全相关事件，至少包括：用户的添加和删除、审计功能的启动和关闭、审计策略的调整、权限变更、系统资源的异常使用、重要的系统操作（如用户登录、退出）等。

c）审计记录应包括事件的日期、时间、类型、主体标识、客体标识和结果等；

↘释义： 为了有效地记录用户行为，审计记录应包括事件的日期、时间、类型、主体标识、客体标识和结果（成功/失败）等。

d）应保护审计记录，避免受到未预期的删除、修改或覆盖等；

↘释义： 当恶意用户对操作系统和数据库系统实施非授权访问或恶意操作后，为销毁证据并消除踪迹，会删除或修改系统审计日志。因此，必须对审计记录进行保护，避免其受到未预期的删除、修改或覆盖等。一般建议审计记录保存期限在半年以上。

e）应能够通过操作系统自身功能或第三方工具根据记录数据进行分析，并生成审
计报表；（细化）

释义： 为了便于管理员对能够及时准确地了解主机系统运行状况和发现入侵行为，应对主机系统生成的记录和报表进行定期分析。如不支持生成审计报表，可采用第三方工具进行。

f）应保护审计进程，避免受到未预期的中断。

释义： 保护审计进程不受未预期中断，能及时有效的发现用户对系统的恶意操作、误操作等。

目前 Windows 系统已具备审计进程自我保护功能，Linux 系统需启用 Auditd、syslogd 等进程。对于使用第三方审计系统的，也需保证其具备对审计进程的保护功能。

4.4.3.4 剩余信息保护（S3）

本项要求包括：

a）应保证操作系统和数据库系统用户的鉴别信息所在的存储空间，被释放或再分配给其他用户前得到完全清除，无论这些信息是存放在硬盘上还是在内存中；

释义： 用户在使用操作系统、数据库系统时，会在内存或磁盘中保留用户名和口令等鉴别信息，如不及时清除极易导致非授权用户获取鉴别信息，从而获得系统访问权限。因此，相关系统应具有相应功能，保证鉴别信息所在的存储空间在被释放或再分配给其他用户前得到完全清除。

b）应确保系统内的文件、目录和数据库记录等资源所在的存储空间，被释放或重新分配给其他用户前得到完全清除。

释义： 操作系统或数据库系统将临时不用或正在使用但暂未保存的文件、目录等信息存储在缓存区内，这些文件可能包括用户名/口令、敏感数据等信息。若不及时清除，则可能被恶意用户获取，造成泄密事件。

因此，在用户退出操作系统和数据库系统时，需及时清除缓存、虚拟内存等存储空间中的临时文件。

4.4.3.5 入侵防范（G3）

本项要求包括：

a）操作系统应遵循最小安装的原则，仅安装必要的组件和应用程序，并通过设置

升级服务器等方式保持系统补丁得到及时更新，补丁安装前应进行安全性和兼容性测试；（增强）

> **释义：** 最小安装原则，是指系统安装完成后，根据业务功能需要，关闭不必要的服务、组件、端口、应用程序等。保持系统补丁及时更新，则是在确保不影响系统业务运行前提下，及时对已发布的系统漏洞进行补丁安装。为确保系统的安全稳定运行，在补丁安装前应进行充分的安全性和兼容性测试。

b）应能够检测到对重要服务器进行入侵的行为，能够记录入侵的源 IP、攻击的类型、攻击的目的、攻击的时间，并在发生严重入侵事件时提供报警；

> **释义：** 为确保信息系统安全，必须进行主动的入侵行为检测和监控，以检查是否发生了主机入侵和攻击行为。完整的主机入侵防范应首先实现对事件的特征分析功能，以发现潜在的攻击行为。应能发现目前主流的各种攻击行为，如木马后门攻击、拒绝服务攻击、缓冲区溢出攻击、口令暴力破解和蠕虫攻击等。目前对主机入侵防范的技术实现主要通过部署入侵检测系统。

c）应能够对重要程序的完整性进行检测，并具有完整性恢复的能力。（增强）

> **释义：** 为防止主机系统中的重要程序、文件被篡改，或在篡改后能够及时发现并恢复，应采取技术手段，如完整性检查工具对重要程序、文件的完整性进行检查，对重要配置文件、资料等进行备份。

4.4.3.6 恶意代码防范（G3）

本项要求包括：

a）应在本机安装防恶意代码软件或独立部署恶意代码防护设备，并及时更新防恶意代码软件版本和恶意代码库；（细化）

> **释义：** 恶意代码目前主要包括恶意软件及恶意的计算机代码两大类。恶意软件常见的有：间谍软件、恶意共享软件等；恶意计算机代码常见的有：病毒、木马、蠕虫、后门、逻辑炸弹等。这些恶意代码的存在会导致系统重要信息被窃取、网络攻击、系统遭破坏等恶性安全事件，从而影响系统的安全性和业务连续性。

> 操作系统应安装防恶意代码软件，并及时更新防恶意代码软件及其恶意代码库，以防止系统遭受恶意代码侵害。当在本机无法安装防恶意代码软件时，应独立部署恶意代码防护设备，如在网络上部署防毒墙。

b）应支持防恶意代码的统一管理；

释义： 应将同一环境中的操作系统作为一个整体的防护对象进行保护，为所有操作系统提供统一的恶意代码防护策略，统一更新、统一查杀。

例如，可通过部署网络版防病毒软件实现防恶意代码的统一集中管理。

c）主机防恶意代码产品应具有与网络防恶意代码产品不同的恶意代码库。

释义： 主机防恶意代码产品与网络防恶意代码产品由于其面向对象不同，其功能及恶意代码库均有所区别，例如，网络防恶意代码除能检测到蠕虫等病毒的同时，还能检测终端的受保护情况、外部终端接入情况，并对网络中的终端进行统一防病毒管理；主机防恶意代码主要针对本机可能遭受的恶意代码侵害进行检测、查杀等。

4.4.3.7　资源控制（A3）

本项要求包括：

a）应通过设定终端接入方式、网络地址范围等条件限制终端登录；

释义： 为了保证管理员对主机安全访问的同时，避免其他人的未授权访问，应使用本地管理或限定 IP 地址的远程管理。例如：

Windows 系统可开启主机防火墙或者通过 TCP/IP 筛选功能实现终端接入 IP 地址和端口的控制；Linux 系统可在/etc/host.allow 或/etc/host.deny 文件中允许或拒绝某个地址通过 telnet 或 SSH 方式进行登录等。限制终端登录的网络地址范围和接入方式，可以有效防止非法用户的访问。

b）应根据安全策略设置登录终端的操作超时锁定；

释义： 登录终端的操作超时锁定是指用户登录后，长时间没有操作活动，系统强制注销账户或锁定账户，要求用户重新登录的安全防护策略。如果系统管理员在离开终端时，没有注销其在系统上的登录状态，就可能被恶意用户利用或被非授权用户误用，从而带来安全隐患。为了防止越权访问，避免一个空闲的任务一直占用登录资源，应配置设备远程和本地登录超时退出。

Windows 系统可通过开启带口令的屏幕保护功能来进行本地终端登录的超时锁定，而对于远程终端登录，则可通过设置"空闲会话限制"来进行锁定。Linux 及 UNIX 系统则建议使用 bash、Ksh 作为用户默认使用的 shell，并设置其 TIMEOUT 参数。Oracle 数据库中需设置其空闲超时函数。SQL Server 数据库可以通过在 Windows 操作系统层面开启带口令的屏幕保护功能的方式来间接实现。

c）应根据需要限制单个用户对系统资源的最大或最小使用限度；（细化）

> **释义：** 单个用户对系统资源的最大或最小使用限度是指在有多个用户同时对系统进行访问或单个服务器上运行多个业务系统时，为避免某些用户或服务进程占用过多的系统资源，从而导致服务器因资源耗尽引起故障，应合理分配单个用户对系统资源的使用限度。

d）应对重要服务器进行监视，包括监视服务器的 CPU、硬盘、内存、网络等资源的使用情况；

> **释义：** 为保障重要服务器的安全稳定运行，应监视重要服务器的 CPU、硬盘、内存、网络等资源的使用情况，防止因系统资源超负荷使用引起的服务中断甚至宕机。操作系统中均有资源监控功能，也可使用第三方工具来实现集中监视。

e）应能够对系统的服务水平降低到预先规定的最小值进行检测和报警。

> **释义：** 系统的服务水平包括磁盘空间是否充裕、内存是否充裕、网络使用率是否正常、CPU 利用率是否合理、软硬件运行是否正常等。应使用第三方工具实现上述指标的集中监视，当降低到预先规定的最小值时，及时发现并报警。

4.4.4 应用安全

4.4.4.1 身份鉴别（S3）

本项要求包括：

a）应提供专用的登录控制模块对登录用户进行身份标识和鉴别；

> **释义：** 为了防止应用系统被非法入侵和越权访问，应用系统应具有专用的身份鉴别模块对登录系统的用户身份的合法性进行核实，只有通过系统身份验证的用户才能登录系统并在系统规定的权限内进行操作，例如：用户名/口令。经系统鉴别和认证后，方允许用户进行访问。

b）应用系统用户身份鉴别信息应不易被冒用，口令复杂度应满足要求并定期更换。应提供用户身份标识唯一和鉴别信息复杂度检查功能，保证应用系统中不存在重复用户身份标识；用户在第一次登录系统时修改分发的初始口令，口令长度不得小于 8 位，且为字母、数字或特殊字符的混合组合，用户名和口令不得相同；禁止应用软件明文存储口令；（增强）

> **释义：** 为了防止应用系统用户身份鉴别信息被冒用或破解，对应用系统用户的身份鉴别信息做出了以下要求：用户身份标识满足唯一性、口令长度大于 8 位、用户口令满足复杂度要求（为字母、数字、特殊字符的组合）、用户名与口

令不同、应用系统中的口令应密文存储、定期更换、用户在首次登录系统需要修改初始口令。

c）应对同一用户采用两种或两种以上组合的鉴别技术实现用户身份鉴别；

> **释义：** 为了防止应用系统因用户名口令泄露或破解造成的非授权访问，应用系统应采用两种或两种以上的组合鉴别方式来进行身份鉴别，这种双因子鉴别方式是防止身份欺骗的有效方法，实际部署中第一种鉴别方式采用用户名+口令，第二种鉴别方式采用如令牌、智能卡、数字证书和生物信息等方式实现。

d）应提供登录失败处理功能，可采取结束会话、限制非法登录次数和自动退出等措施；

> **释义：** 为了防止未授权用户对应用系统的身份鉴别信息进行暴力破解（采用穷举法）和避免一个空闲的任务一直占用登录资源，应用系统应提供登录失败处理功能，如限制用户登录失败次数和超时自动退出等。

e）应启用身份鉴别、用户身份标识唯一性检查、用户身份鉴别信息复杂度检查以及登录失败处理功能，并根据安全策略配置相关参数。

> **释义：** 为了提高应用系统的安全可用性，应用系统应提供身份鉴别、用户身份标识唯一性检查、用户身份鉴别信息复杂度检查以及登录失败处理功能，并提供上述功能模块的参数配置，在实际应用中要求应用系统提供诸如口令复杂度设置功能、用户名唯一性检查功能、登录失败次数设置功能、登录失败处理方式设置功能等。

4.4.4.2 访问控制（S3）

本项要求包括：

a）应提供访问控制功能，依据安全策略控制用户对文件、数据库表等客体的访问；

> **释义：** 访问控制是指根据用户的身份及其业务需求规定其对信息资源的访问和使用权限，应用系统的访问控制功能是为了防止应用系统的资源（如文件、数据库表等）被越权使用。

b）访问控制的覆盖范围应包括与资源访问相关的主体、客体及它们之间的操作；

> **释义：** 访问控制的覆盖范围应包括与资源相关的所有主体和客体以及他们之间的操作，主体如用户或进程，客体如应用系统的功能、文件或数据库表，主体对客体间的操作如访问、修改、删除等。

c）应由授权主体配置访问控制策略，并严格限制默认账户的访问权限；

> **释义：** 应由授权主体来配置访问控制策略，对默认用户的客体访问权限进行严格限制，一般仅赋予默认账户最低级别的权限。在这里授权主体可以是应用管理员或者超级用户，而默认用户是指应用系统的公共用户、默认用户或者测试用户等，客体则是指应用系统的功能、文件或者数据库表等。

d）应授予不同账户为完成各自承担任务所需的最小权限，并在它们之间形成相互制约的关系；

> **释义：** 应用系统在赋予用户权限时，应根据承担的角色不同授予用户所需的最小权限，能有效避免用户拥有不必要的操作权限，应用系统的使用人员、维护人员和审计人员应具有不同的账户权限，不允许出现混用、跨用的情况，如系统维护账户不能操作应用系统业务功能和查询、修改审计数据。

e）应对重要信息资源设置敏感标记，应用不支持敏感标记的，应在系统级生成敏感标记，使系统整体支持强制访问控制机制；（落实）

> **释义：** 敏感标记表示主体/客体安全级别和安全范畴的一组信息，通过比较标记来控制是否允许主体对客体的访问，敏感标记是实现强制访问控制的基础，其主要目的是表示主、客体的安全级别，以便信息系统依据这个级别来决定主体以何种权限对客体进行访问操作。

f）应依据安全策略严格控制用户对有敏感标记重要信息资源的操作。

> **释义：** 应用系统管理员应根据安全策略对系统进行配置，控制用户对有敏感标记重要信息资源的操作，在此，应按照安全策略对应用系统进行合理的访问控制配置。

4.4.4.3　安全审计（G3）

本项要求包括：

a）应提供覆盖每个用户的安全审计功能，对应用系统的用户登录、用户退出、增加用户、修改用户权限等重要安全事件进行审计；（细化）

> **释义：** 为了保证监控和事后调查中能在审计日志中获取完整可用的信息，对于应用系统和安全设备日志审计内容至少应包括时间、类型、用户、事件类型、事件是否成功等相关信息。

b）应保证无法删除、修改或覆盖审计记录，维护审计活动的完整性；（增强）

释义： 当恶意用户对应用系统实施非授权访问或恶意操作后，为销毁证据并消除踪迹，会删除或修改系统审计日志。因此，必须对审计记录进行保护，避免其受到未预期的删除、修改或覆盖等。

c）审计记录的内容至少应包括事件的日期、时间、发起者信息、类型、描述和结果等；

释义： 为了有效地记录用户行为，审计记录应包括事件的日期、时间、类型、主体标识、客体标识和结果（成功/失败）等。一般建议审计记录保存期限在半年以上。

d）应提供对审计记录数据进行统计、查询、分析及生成审计报表的功能。

释义： 为了便于管理员及时准确地了解应用系统运行状况和发现入侵行为，应对应用系统生成的记录和报表进行定期分析。如不支持生成审计报表，可采用第三方工具进行。

4.4.4.4 剩余信息保护（S3）

本项要求包括：

a）应保证用户鉴别信息所在的存储空间被释放或再分配给其他用户前得到完全清除，无论这些信息是存放在硬盘上还是在内存中；

释义： 用户在使用应用系统时，会在内存或磁盘中保留用户名和口令等鉴别信息，如不及时清除极易导致非授权用户获取鉴别信息，从而获得系统访问权限。因此，应保证鉴别信息所在的存储空间在被释放或再分配给其他用户前得到完全清除，如使用第三方工具清除。

b）应保证系统内的文件、目录和数据库记录等资源所在的存储空间被释放或重新分配给其他用户前得到完全清除。

释义： 应用系统将临时不用或正在使用但暂未保存的文件、目录等信息存储在缓存区内，这些文件可能包括用户名/口令、敏感数据等信息。若不及时清除，则可能被恶意用户获取，造成泄密事件。因此，在用户退出应用系统时，需及时清除缓存、虚拟内存等存储空间中的临时文件。

4.4.4.5 通信完整性（S3）

应采用密码技术保证通信过程中数据的完整性。

释义： 通信完整性是指保护数据防止其在传输过程中被篡改或丢失，通信完整性可以抵制主动威胁，以保证接收者收到的信息与发送者发送的信息完全一致，确保信息的真实完整性。通信双方应采用密码技术（如利用 Hash 函数）来保证通信过程中数据的完整性。

4.4.4.6　通信保密性（S3）

本项要求包括：

a）在通信双方建立连接之前，应用系统应利用密码技术进行会话初始化验证；

释义： 为了防止通信双方在建立连接过程中身份鉴别等敏感信息被非法窃听，应采用 SSL、IPSEC 等密码技术确保安全。

b）应对通信过程中的整个报文或会话过程进行加密。

释义： 为了防止通信双方在会话过程中敏感信息被非法窃听，应对通信过程中的用户口令、会话密钥及整个报文进行加密。

4.4.4.7　抗抵赖（G3）

本项要求包括：

a）应具有在请求的情况下为数据原发者或接收者提供数据原发证据的功能；

释义： 抗抵赖旨在生成、收集和维护已声明的事件或动作的证据，并使该证据可确认该事件或动作，为了解决关于某事件或动作发生或未发生而引起的争议，应用系统应采用数字证书等技术确保数据发送者或接受者获取证据，证明该条数据是该发送者发出的。

b）应具有在请求的情况下为数据原发者或接收者提供数据接收证据的功能。

释义： 抗抵赖旨在生成、收集和维护已声明的事件或动作的证据，并使该证据可确认该事件或动作，为了解决关于某事件或动作发生或未发生而引起的争议，应用系统应采用数字证书等技术确保数据发送者或接受者获取证据，证明该条数据是该预期的接收者接收的。

4.4.4.8　软件容错（A3）

本项要求包括：

a）应提供数据有效性检验功能，保证通过人机接口输入或通过通信接口输入的数据格式或长度符合系统设定要求；

释义： 软件容错技术主要考虑应用程序对错误（故障）的检测能力、处理能力、恢复能力。应用系统应具备对数据的有效性的验证功能，主要验证通过人机接口（如程序的界面）输入或通信接口输入的数据的格式、长度或类型是否符合系统设定的要求，防止用户输入畸形数据而导致系统出错，或防止一些注入类型的攻击，如 SQL 注入攻击等，从而影响系统的正常使用甚至危害系统的安全。

b）应提供自动保护功能，当故障发生时自动保护当前所有状态，保证系统能够进行恢复。

> **释义：** 应用系统在发生故障时应能保存系统当前的状态，并具有继续提供部分系统功能且可恢复到故障前状态的能力。

4.4.4.9 资源控制（A3）

本项要求包括：

a）当应用系统的通信双方中的一方在一段时间内未作响应，另一方应能够自动结束会话；

> **释义：** 为了防止部分用户登录系统进行操作后未退出系统，造成系统资源损耗，或被非授权用户恶意利用，应用系统应可设置或默认用户在一段时间内未作任何响应，自动结束会话。

b）应能够对系统的最大并发会话连接数进行限制；

> **释义：** 为保障应用系统可使用性，应用系统应能设置最大并发会话连接数，当应用系统到达系统可承受的最大连接数时，应限制终端用户访问，防止应用系统因超过最大并发会话连接数引起的停止服务。

c）应能够对单个账户的多重并发会话进行限制；

> **释义：** 为了保证用户账户操作的唯一性和安全性，应用系统应能够对用户账户的多重并发进行限制，防止同一账户多点登录而导致的盗用不易察觉及审计记录难以追溯的问题。

d）应能够对一个时间段内可能的并发会话连接数进行限制；

> **释义：** 为保障应用系统可使用性，应用系统应能对一段时间内并发会话连接数进行限制，防止应用系统在短时间内发生的高频率大量访问造成的系统崩溃。

e）应能够对一个访问账户或一个请求进程占用的资源分配最大限额和最小限额；

> **释义：** 单个用户对应用系统资源的最大或最小使用限度是指在有多个用户同时对系统进行访问或单个服务器上运行多个业务系统时，为避免某些用户占用

过多的系统资源，从而导致服务器因资源耗尽引起故障，应合理分配单个用户对系统资源的使用限度。

f）应能够对系统服务水平降低到预先规定的最小值进行检测和报警；

> **释义：** 为了防止应用系统因资源耗尽导致的停止服务，应对系统服务水平进行实时监控，例如应用系统访问的响应时间等，可使用第三方工具实现上述指标的集中监视，当降低到预先规定的最小值时，及时发现并报警。

g）应提供服务优先级设定功能，并在安装后根据安全策略设定访问账户或请求进程的优先级，根据优先级分配系统资源。

> **释义：** 为了保证重要的用户或进程优先访问，应用系统应可设置账户和进程的优先级，确保重要的用户和进程优先访问系统资源。

4.4.5 数据安全及备份恢复

4.4.5.1 数据完整性（S3）

本项要求包括：

a）应能够检测到系统管理数据、鉴别信息和重要业务数据在传输过程中完整性受到破坏，并在检测到完整性错误时采取必要的恢复措施；

> **释义：** 为了保证用户重要数据在传输的过程中免受未授权的破坏，在系统的管理数据、鉴别信息和重要业务数据的传输过程中对其完整性进行检测（如利用 Hash 函数），并在检测到完整性受到破坏时采取恢复措施。

b）应能够检测到系统管理数据、鉴别信息和重要业务数据在存储过程中完整性受到破坏，并在检测到完整性错误时采取必要的恢复措施。

> **释义：** 为了保证用户重要数据在存储的过程中免受未授权的破坏，对存储系统管理数据、鉴别信息和重要业务数据的完整性进行检测（如利用 Hash 函数），并在检测到完整性受到破坏时采取恢复措施。

4.4.5.2 数据保密性（S3）

本项要求包括：

a）应采用加密或其他有效措施实现系统管理数据、鉴别信息和重要业务数据传输保密性；

> **释义：** 为了避免用户重要数据在传输的过程中泄露，在系统的管理数据、

鉴别信息和重要业务数据在传输过程中进行加密并对保密性进行检测。

b）应采用加密或其他保护措施实现系统管理数据、鉴别信息和重要业务数据存储保密性。

↘释义： 为了保证用户重要数据在存储的过程中避免数据泄露，对系统的管理数据、鉴别信息和重要业务数据在存储过程中进行加密，防止数据泄露。

4.4.5.3 备份和恢复（A3）

本项要求包括：

a）应提供数据本地备份与恢复功能，对重要信息进行备份，数据备份至少每天一次，已有数据备份可完全恢复至备份执行时状态，备份介质场外存放；（增强）

↘释义： 为了防止系统数据的丢失与损坏，系统应对重要信息进行备份，数据备份至少每天一次，保证系统重要数据在发生破坏后能够被恢复，并将备份介质场外存放。

b）应提供异地数据备份功能，利用通信网络将关键数据定时批量传送至备用场地；

↘释义： 为了防止本地发生灾难性事故造成系统数据和本地备份数据损坏，系统应具有异地备份功能，异地备份可采用异地容灾中心和远程存储介质副本保存的形式，一般来说，异地备份应跨区域进行。

c）应提供主要网络设备、通信线路和数据处理系统的硬件冗余，保证系统的高可用性。

↘释义： 为了避免网络设备、通信线路和数据处理系统出现故障时引起系统中断，保证重要业务服务的连续性，应为主要网络设备、通信链路和数据处理系统等提供硬件或线路冗余，如数据库服务器采取双机热备、集群等方式，以确保在通信线路或设备故障时提供备用方案，有效增强系统的可靠性，保证系统的高可用性。

4.4.6 安全管理制度

4.4.6.1 管理制度（G3）

本项要求包括：

a）应制定信息安全工作的总体方针和安全策略，说明机构安全工作的总体目标、范围、原则和安全框架等；

释义: 信息安全工作的总体方针和安全策略是单位开展信息安全工作的最高层的文件,总体方针和安全策略应阐明单位信息安全的总体目标,规定信息安全责任机构和职责,描述信息安全工作范围、原则,建立信息安全工作安全框架等。以上要素的确立对于机构今后信息安全工作具有决定意义。

b)应对安全管理活动中的各类管理内容建立安全管理制度;

释义: 安全管理制度是以信息安全工作总体方针、策略为指导,单位对信息系统的设计、开发、建设、运维、升级、改造和废弃等各个环节所应当遵循的行为进行规范。一般包括安全组织的设立、人员的安全管理,系统建设及运维、应急预案相关安全管理制度等;安全管理制度还应覆盖物理、网络、主机系统、数据、应用等层面。

c)应对要求管理人员或操作人员执行的日常管理操作建立操作规程;

释义: 安全操作规程需对各项日常具体活动建立步骤或方法,可以是一个操作手册、一个流程表或一种实施方法,能够明确体现或执行信息安全方针、策略及制度所要求的内容。安全操作规程内容包括:日常操作必须遵循的程序和方法、操作过程中有可能出现的危及安全的异常现象及紧急处理方法、对操作者无法处理的问题的报告方法、禁止操作者出现的行为、非本岗人员禁止出现的行为等。

d)应形成由安全策略、管理制度、操作规程等构成的全面的信息安全管理制度体系。

释义: 依据本单位信息安全管理实际需求,综合考虑国家及行业颁发的信息安全要求,系统形成包含安全管理策略、安全管理制度及各项日常操作规程等的管理制度体系是信息安全管理工作逐步完善的标志。形成信息安全管理制度体系,能够使安全管理活动中的各项内容处于规范受控状态,有利于闭环管理,从而保证信息安全管理水平不断提高。

4.4.6.2 制定和发布(G3)

本项要求包括:

a)应指定或授权专门的部门或人员负责安全管理制度的制定;

释义: 指定或授权专门的部门或人员负责安全管理制度的制定,是规范信息安全管理制度制定的关键,能够保证制度的正式性、权威性。通常指定或授权信息安全归口管理部门编写制定信息安全管理制度。

b）安全管理制度应具有统一的格式，并进行版本控制；

> **释义：** 规范信息安全管理制度的格式，并在修订过程中对制度的版本进行规范化控制，能够保证制度体系的统一性，并有利于制度的贯彻实施。

c）应组织相关人员对制定的安全管理制度进行论证和审定；

> **释义：** 对信息安全管理制度进行论证和审定，能够保证制度的科学性和适用性。一般可由信息安全领导小组定期组织相关部门和相关人员对安全管理制度体系的合理性和适用性进行审定。

d）安全管理制度应通过正式、有效的方式发布；

> **释义：** 为有利于安全管理制度的贯彻落实。安全管理制度应以正式发文的有效形式发布。

e）安全管理制度应注明发布范围，并对收发文进行登记。

> **释义：** 信息安全各项管理制度在正式发布时，需要注明制度发布的范围，确保相关部门或人员了解制度内容，并对发文、收文做好相应的记录备案，以便查阅、审计。

4.4.6.3 评审和修订（G3）

a）信息安全领导小组应负责定期组织相关部门和相关人员对安全管理制度体系的合理性和适用性进行审定；

> **释义：** 信息安全管理制度体系形成后，为防止因客观条件的变化而引起部分安全管理制度出现不合理、不适用的情况。应由信息安全领导小组组织技术专家、相关单位人员，定期开展审定工作。

b）应定期对安全管理制度进行检查和审定，对存在不足或需要改进的安全管理制度进行修订。发生重大变更时，应及时对制度进行修订。

> **释义：** 安全管理制度体系制定并实施后，需对文件体系的适用性定期进行评审和修订，尤其当发生重大变更时，需要及时对制度进行修订，以适应实际环境和情况变化，保证安全管理制度体系文件的适用性。信息安全领导小组应负责定期组织相关部门和相关人员对存在不足或需要改进的安全管理制度进行修订。

4.4.7 安全管理机构

4.4.7.1 岗位设置（G3）

本项要求包括：

a）应设立信息安全管理工作的职能部门，设立安全主管、安全管理各个方面的负责人岗位，并定义各负责人的职责；

> **释义：** 设立信息安全管理部门能够对信息安全工作进行有组织的、有目的的管理，将工作具体落实。职能部门中设立安全主管、安全管理等各个方面的负责人岗位，明确其岗位职责，有利于信息安全各项工作的组织实施，落实信息安全责任。

b）应设立系统管理员、网络管理员、安全管理员等岗位，并定义各个工作岗位的职责；

> **释义：** 应设立系统管理员、网络管理员、安全管理员等岗位，如系统管理员负责系统的安全配置、账户管理、系统升级等方面；而网络管理员则侧重于对整个网络结构的安全、网络设备（包括安全设备）的正确配置等工作；安全管理员则侧重于系统的安全性，负责日常操作系统、网管系统、邮件系统的安全补丁、漏洞检测及修补、病毒防治等工作。对各种岗位的职责进行明确的定义，有利于更好地明确职责落实责任。

c）应成立指导和管理信息安全工作的委员会或领导小组，电力企业主要负责人是本单位信息安全的第一责任人，对本单位的网络与信息安全负全面责任；（增强）

> **释义：** 成立信息安全领导小组或安全管理委员会来负责信息安全工作的总体走向和未来发展，上层信息安全战略或方针的确定等，有利于信息安全工作的组织领导和决策。按照《电力行业网络与信息安全监督管理暂行规定》要求，电力企业主要负责人是本单位信息安全的第一责任人，对本单位的网络与信息安全负全面责任。

d）应制定文件明确安全管理机构各个部门和岗位的职责、分工和技能要求。

> **释义：** 以文件的形式明确安全管理机构各个部门和岗位的职责、分工和技能要求。有利于对工作进行明确分工，落实责任，避免相互推诿。

4.4.7.2 人员配备（G3）

本项要求包括：

a）应配备一定数量的系统管理员、网络管理员、安全管理员等；

> **释义：** 为了防止人员变化造成的工作停顿，应配备一定数量的系统管理员、网络管理员、安全管理员等，理想状态各个岗位均有备岗。

b）每个电力企业应配备专职安全管理员，不可兼任；（落实）

> **↳释义：** 每个电力企业是指具有独立法人资质的电力企业。负责电力企业信息安全工作的安全管理员岗位应指定专职人员负责，不可由其他管理员兼任。安全管理员与其他管理员从职责上来说是相互制约，不可兼任。

c）关键事务岗位应配备多人共同管理。

> **↳释义：** 为避免人员临时离岗而造成的工作停顿，防止人员权利过大，关键事务岗位需两人或两人以上进行共同管理。

4.4.7.3 资金保障（G3）

应保障信息系统安全建设、运维、检查、等级保护测评及其他信息安全资金。（新增）

> **↳释义：** 根据《电力行业网络与信息安全监督管理暂行规定》的相关要求，为有利于信息安全相关工作的有效开展，应保障信息系统安全建设、运维、检查、等级保护测评及其他信息安全资金。

4.4.7.4 授权和审批（G3）

本项要求包括：

a）应根据各个部门和岗位的职责明确授权审批事项、审批部门和批准人等；

> **↳释义：** 信息系统生命周期的每个阶段都涉及了许多重要的环节与活动，为保证这些环节与活动的顺利实施及可控，应对这些环节与活动的实施进行授权与审批。这不仅是质量方面的要求，也是为了避免由于管理上的漏洞或工作失误而埋下安全隐患，为保证发生安全问题时能有据可查，应以文件的形式明确授权与审批制度，明确授权审批部门、批准人、审批程序、审批事项、审批范围等内容。

b）应针对系统变更、重要操作、物理访问和系统接入等事项建立审批程序，按照审批程序执行审批过程，对重要活动建立逐级审批制度；

> **↳释义：** 为了保证系统变更、重要操作、物理访问和系统接入等事项顺利实施及可控，应对上述事项建立审批程序，按照审批程序执行审批过程，并对重要活动建立逐级审批制度。

c）应定期审查审批事项，及时更新需授权和审批的项目、审批部门和审批人等信息；

> **↳释义：** 为了避免因岗位变更和职能变化等所带来的审批管理隐患，应对审批事项定期审查，及时更新需授权和审批的项目、审批部门和人员等信息。

d）应针对关键活动建立审批流程，并由批准人签字确认，存档备查。（落实）

> **释义**：关键活动对整个系统的安全性有很大影响，必须经批准人签字确认，并将审批过程文件存档，以便事后检查和区分责任。

4.4.7.5 沟通和合作（G3）

本项要求包括：

a）应加强各类管理人员之间、组织内部机构之间以及信息安全职能部门内部的合作与沟通，定期或不定期召开协调会议，共同协作处理信息安全问题；

> **释义**：为保障各单位信息系统安全工作的顺利完成，各业务部门需要共同参与、密切配合，因此须加强各类管理人员之间、组织内部机构之间以及信息安全职能部门内部的合作与沟通，定期或不定期召开协调会议，共同协作处理信息安全问题。

b）应加强与电力监管机构、公安机关及相关单位和部门的合作与沟通；（增强）

> **释义**：为了及时了解信息安全动态，获取信息安全最新政策应当加强和电力监管机构、公安机关、兄弟单位等的合作与沟通，及时就相关安全工作的问题与经验进行交流，共同促进信息安全工作建设，提高企业的整体安全防护能力。

c）应加强与供应商、业界专家、专业的安全公司、安全组织的合作与沟通；

> **释义**：为了及时获取信息安全的最新发展动态，避免信息安全事件的发生或在信息安全事件发生时能尽快得到支持与帮助，从而第一时间采取有效措施，将损失降到最低，应加强与信息服务提供机构、业界专家、专业的安全公司及安全组织的合作与沟通，扩大与外界组织沟通的范围，提高防护能力。

d）应建立外联单位联系列表，包括外联单位名称、合作内容、联系人和联系方式等信息；

> **释义**：为了能在需要时第一时间联系到相关人员，应建立外联单位联系列表，对外联单位名称、合作内容、联系人和联系方式等重要信息进行归档，方便相关人员查询，在相关系统出现问题时能及时联系上获取技术支持。

e）应聘请信息安全专家作为常年的安全顾问，指导信息安全建设，参与安全规划和安全评审等。

> **释义**：为了能在安全设计、建设时充分考虑系统安全防护需求，及时掌握信息系统安全最新发展动态，应聘请信息安全专家作为常年安全顾问，指导信息安全建设，参与安全规划和安全评审等。

4.4.7.6　审核和检查（G3）

本项要求包括：

a）安全管理员应负责定期进行安全检查，检查内容包括系统日常运行、系统漏洞和数据备份等情况；

> **释义：** 为了保证信息安全方针、制度贯彻执行，及时发现现有安全措施的漏洞和系统脆弱性，安全管理员应负责定期进行安全检查。检查的主要内容涉及：系统日常运行、系统漏洞、数据备份等，在发现问题时应及时指出，督促相关安全责任人进行限期整改。

b）应由内部人员或上级单位定期进行全面安全检查，检查内容包括现有安全技术措施的有效性、安全配置与安全策略的一致性、安全管理制度的执行情况等；

> **释义：** 为了督促各单位的信息安全工作，验证各单位的自查结果，上级单位或信息安全相关部门应定期组织相关人员按照安全审核和检查程序进行安全检查。检查的主要内容涉及：现有安全措施的有效性、安全配置与安全策略的一致性以及安全管理制度的落实情况等，在发现问题时应及时指出，督促相关安全责任人进行限期整改。

c）应制定安全检查表格实施安全检查，汇总安全检查数据，形成安全检查报告，并对安全检查结果进行通报；

> **释义：** 将检查内容表格化并及时总结，有利于提高检查效果，各单位信息安全管理部门应根据单位自身情况和当下较为严重的信息安全问题，制定安全检查表格实施检查，汇总检查数据，形成安全检查报告并通报结果，检查工作应做到内容做详实、结果真实、通报及时，便于相关责任方及时进行整改。

d）应制定安全审核和安全检查制度规范安全审核和安全检查工作，定期按照程序进行安全审核和安全检查活动。

> **释义：** 将安全审核和安全检查活动程序化和制度化，有利于规范相关工作。各单位信息安全管理部门应制定安全审核和安全检查制度，规范安全审核和安全检查工作，使安全审核和安全检查工作有目的性和操作性，并定期按照程序开展安全审核和安全检查工作，及时发现问题和解决问题。

4.4.8　人员安全管理

4.4.8.1　人员录用（G3）

本项要求包括：

a) 应指定或授权专门的部门或人员负责人员录用；

> **释义：** 人是信息安全中最活跃的因素，为录用恰当人员，应指定或授权专门的部门或人员负责人员录用。

b) 应严格规范人员录用过程，对被录用人的身份、背景、专业资格和资质等进行审查，对其所具有的技术技能进行考核；

> **释义：** 在人员录用时应充分对被录用人的身份、背景、专业资格和资质进行筛选、审查，对技术人员的技术技能进行考核，并且有审查的相关文档或记录。

c) 应与安全管理员、系统管理员、网络管理员等关键岗位的人员签署保密协议；（细化）

> **释义：** 为提高关键岗位人员保密意识，明确保密责任，应与安全管理员、系统管理员、网络管理员等关键岗位的人员签署保密协议，保密协议应有保密范围、保密责任、违约责任、协议的有效期限和责任人签字等内容。

d) 应与安全管理员、系统管理员、网络管理员等关键岗位的人员签署岗位安全协议。（细化）

> **释义：** 为提高关键岗位人员安全意识，明确安全责任等，应与安全管理员、系统管理员、网络管理员等关键岗位人员签署岗位安全协议，协议应当包括岗位安全责任、违约责任、协议的有效期限和责任人的签字等内容。

4.4.8.2 人员离岗（G3）

本项要求包括：

a) 应严格规范人员离岗过程，及时收回离岗员工的所有访问权限；（细化）

> **释义：** 应制定人员离岗制度，严格规范人员离岗过程，在人员离岗手续办完后，应及时终止离岗人员所有访问权限。

b) 应收回其各种身份证件、钥匙、徽章等以及机构提供的软硬件设备；

> **释义：** 为避免离岗人员给信息系统带来的安全隐患，由于解雇、退休、辞职、合同到期或其他原因离开单位的人员在离开前，都必须到单位人事部门办理严格的调离手续，包括交回单位提供的相关证件、徽章、密钥、访问控制标识、单位配给的设备等。

c) 只有在收回其访问权限和各种证件、设备之后方可办理调离手续，关键岗位人员离岗须承诺调离后的保密义务后方可离开。（细化）

> **释义：** 确认已收回离岗人员对系统的访问权限和各种证件、设备后方可办理调离手续，根据保密协议的内容对离岗人员进行审查，并且承诺离开后的保密责任或者过了脱密期后才能离开，保密文档应有离岗人员的签字。

4.4.8.3 人员考核（G3）

本项要求包括：

a）应定期对各个岗位的人员进行安全技能及安全认知的考核；

> **释义：** 为保证各个岗位人员能够掌握本岗位工作所应当具备的基本安全知识和技能，应有专人制定人员考核计划，定期对员工进行安全技能及安全知识考核。

b）应对安全管理员、系统管理员、网络管理员、信息安全主管或专责等关键岗位的人员进行全面、严格的安全审查和技能考核；（细化）

> **释义：** 应制定关键岗位的安全审查和技能考核制度，明确关键岗位人员在每次考核时应当接受的考核内容，并对其进行安全审查。

c）应对考核结果进行记录并保存。

> **释义：** 为持续提高人员考核效果，对每次考核的结果和过程进行记录并保存。

4.4.8.4 安全意识教育和培训（G3）

本项要求包括：

a）应对各类人员进行安全意识教育、岗位技能培训和相关安全技术培训；

> **释义：** 安全意识教育和培训可使人员在安全职责、安全意识、安全技能等方面有所提高，保证人员具有与岗位职责相适应的安全技术能力和管理能力，以减少人为操作失误给系统带来的安全风险。

b）应对安全责任和惩戒措施进行书面规定并告知相关人员，对违反违背安全策略和规定的人员进行惩戒；

> **释义：** 应将安全责任和惩戒措施进行书面规定并告知相关人员，要求对方签字并归档留存。对违反违背安全策略和规定的人员进行惩戒，制定具体的惩戒措施。

c）应按照行业要求，对定期安全教育和培训进行书面规定，针对不同岗位制定不同的培训计划，对信息安全基础知识、岗位操作规程等进行的培训应至少每年举办一次；（增强）

⤷**释义:** 应制定安全教育和培训计划文档，文档中应当包括不同岗位的培训计划；计划应明确培训目的、培训方式、培训对象、培训内容、培训时间和地点等，培训内容包含信息安全基础知识、岗位操作规程等，并且定期进行，每年至少举办一次。

d）应对安全教育和培训的情况和结果进行记录并归档保存。

⤷**释义:** 为持续提高安全教育和培训效果，要具有安全教育和培训记录，记录应当包括培训人员、培训内容、培训结果等的描述，并且描述应与实际情况一致。

4.4.8.5 外部人员访问管理（G3）

本项要求包括：

a）应确保在外部人员访问受控区域前先提出书面申请，批准后由专人全程陪同或监督，并登记备案；

⤷**释义:** 对外部人员包括向单位提供技术服务的外来人员，如软硬件维护和支持人员、贸易伙伴或合资伙伴、清洁人员、送餐人员、保安，包括支持人员、学生、短期临时工作人员和安全顾问等，须经过上级批准，方可进入受控区域，且全程需有专人陪同或监督，并登记备案。

b）对外部人员允许访问的区域、系统、设备、信息等内容应进行书面的规定，并按照规定执行。

⤷**释义:** 制定外部人员访问管理文档，明确外部人员包括哪些人员，允许外部人员访问的范围（区域、系统、设备、信息等内容），并对外部人员访问重要区域的行为进行登记记录。

4.4.9 系统建设管理

4.4.9.1 系统定级（G3）

本项要求包括：

a）应明确信息系统的边界和安全保护等级；

⤷**释义:** 明确信息系统边界和安全保护等级是采取合理、恰当安全保护措施的前提，为明确信息系统边界和安全等级，需了解信息系统划分的方法，梳理不同系统之间的边界关系，确保根据《GB/T 22240—2008 信息安全技术 信息系统安全等级保护定级指南》完成信息系统安全保护等级的定级。

b）应以书面的形式说明信息系统确定为某个安全保护等级的方法和理由；

释义： 根据《GB/T 22240—2008 信息安全技术 信息系统安全等级保护定级指南》，以书面的形式定义已确定安全保护等级的信息系统的属性，描述信息系统划分的方法和理由，包括功能、业务、网络、硬件、软件、数据、边界、人员等，说明确定等级的理由并形成文档。

c）信息系统定级结果应通过电力监管机构的审批；（**细化**）

释义： 信息系统定级结果应具有合理性和正确性，参照《GB/T 22240—2008 信息安全技术 信息系统安全等级保护定级指南》，对信息系统定级结果的合理性和正确性进行专家评审和论证，保证信息系统定级结果可以通过电力监管机构的批准。

d）对于跨电力（集团）公司联网运行的信息系统，由行业信息安全监管部门统一确定安全保护等级。对于属同一电力（集团）公司，但跨省联网运行的信息系统，由（集团）公司责任部门统一确定安全保护等级。（**细化**）

释义： 根据《电力行业信息系统安全等级保护定级指导意见》，对于跨电力公司联网运行的信息系统，由电力行业信息安全监管部门统一确定安全保护等级；对于属同一电力（集团）公司，但跨省联网运行的信息系统，由公司责任部门统一确定安全保护等级。

4.4.9.2 安全方案设计（G3）

本项要求包括：

a）应根据系统的安全保护等级选择基本安全措施，并依据风险分析的结果补充和调整安全措施；

释义： 根据系统所确定的级别，在物理安全、网络安全、主机安全、应用安全、数据安全、安全管理等方面选用对应的安全措施及方法，并对系统进行风险评估及分析，根据分析结果，对已有的安全措施进行补充和调整。

b）应指定和授权专门的部门对信息系统的安全建设进行总体规划，制定近期和远期的安全建设工作计划；

释义： 应由专门部门对系统安全建设进行总体规划，以书面的形式描述对系统的安全保护要求和策略、安全措施等内容，生成相关文件，形成完整的安全建设工作计划和方案。

c）应根据信息系统的等级划分情况，统一考虑安全保障体系的总体安全策略、安全技术框架、安全管理策略、总体建设规划和详细设计方案，并形成配套文件；

释义： 根据系统等级划分情况，安全方案应包含总体安全策略、安全技术框架、安全管理策略、总体建设规划和详细设计方案等内容，并形成相关配套文件。细化已制定的安全方案，安全设计方案的内容可能包括：系统的安全隐患与对策分析、系统的体系结构及拓扑设计、系统的业务流程实现过程、系统的安全体系与其他平台的关系、系统在物理、网络、主机系统、应用、数据以及管理层面的不同设计要求、设计目标、性能要求、接口要求、资源如何分配等。

d）应组织相关部门和有关安全技术专家对总体安全策略、安全技术框架、安全管理策略、总体建设规划、详细设计方案等相关配套文件的合理性和正确性进行论证和审定，重大项目应报行业信息安全监管部门进行信息安全专项审查批准；（落实）

释义： 应组织相关部门和有关安全技术专家对总体安全策略、安全技术框架、安全管理策略、总体建设规划、详细设计方案等相关配套文件的合理性和正确性进行论证和审定，重大项目应上报行业信息安全监管部门开展安全专项审查，经批准后方能正式实施。

e）应根据等级测评、安全评估的结果每年定期调整和修订总体安全策略、安全技术框架、安全管理策略、总体建设规划、详细设计方案等相关配套文件。

释义： 机构应每年定期开展等级测评及安全评估业务，并根据测评结果对总体安全策略、安全技术框架、安全管理策略、总体建设规划、详细设计方案等相关配套文件的正确性和实效性进行调整和修订。

4.4.9.3 产品采购和使用（G3）

本项要求包括：

a）应确保安全产品采购和使用符合国家的有关规定；

释义： 安全产品采购需按照机构一定的采购流程或要求进行，确保安全产品在符合国家有关规定的前提下，满足系统的需要。

b）应确保密码产品采购和使用符合国家密码主管部门的要求；

释义： 密码产品采购需按照机构一定的采购流程或要求进行，确保密码产品在符合国家密码主管部门规定的前提下，满足系统的需要。

c）应指定或授权专门的部门负责产品的采购；

↳释义： 为规范产品采购流程，对于电力系统重要设备及专用信息安全产品的采购均需指定或授权机构内专门的部门进行，符合相关采购流程及要求。

d）应预先对产品进行选型测试，确定产品的候选范围，并定期审定和更新候选产品名单；

↳释义： 为规范产品采购流程，对拟采购的电力系统重要设备及专用信息安全产品、密码产品等应预先进行选型测试，确定满足测试条件的候选产品，形成候选产品名单，并根据产品需求情况对名单定期进行审定和更新。

e）电力系统重要设备及专用信息安全产品应通过国家及行业监管部门推荐的专业机构的安全性检测后方可采购使用。（新增）

↳释义： 为确保采购产品的安全性，电力系统重要设备及专用信息安全产品在采购使用前，必须通过国家及行业监管部门推荐的专业机构的安全性检测，并出具合格的检测报告。

4.4.9.4 自行软件开发（G3）

本项要求包括：

a）应确保开发环境与实际运行环境物理分开，开发人员和测试人员分离，测试数据和测试结果受到控制；

↳释义： 为确保自行开发软件安全性，在自主开发过程中应具备相应的控制措施，需在独立的模拟环境中编写、调试和完成；自行开发软件的开发环境场所必须与系统实际运行环境实现物理分开，不可交叉；同时应确保开发人员及测试人员分离，并通过相关手段确保测试数据及测试结果受到一定程度的控制。

b）应制定软件开发管理制度，明确说明开发过程的控制方法和人员行为准则；

↳释义： 为确保自行开发软件安全性，需编写专用软件开发管理制度，规范开发人员操作行为，详细说明开发过程的管理办法。

c）应制定代码编写安全规范，要求开发人员参照规范编写代码；

↳释义： 为确保自行开发软件安全性，需编写代码编写安全规范，详细说明安全相关注意事项及编写准则，并要求开发人员严格按照规范开展代码编写工作。

d）应确保提供软件设计的相关文档和使用指南，并由专人负责保管；

↳释义： 为确保自行开发软件安全性，应指定专人负责保管自行开发软件所涉及的各类文档（应用软件设计程序文件、源代码文档等）和软件使用指南、操作手册和维护手册等，包括过程文档、代码、成果等电子的和纸质的文档等，应限制使用人员范围并做使用登记。

e）应确保对程序资源库的修改、更新、发布进行授权和批准。

> **释义：** 为规范程序资源库修改、更新和发布流程，确保软件开发可控、能控、在控，凡对程序资源库涉及上述操作时，均应获得相关管理部门或管理员的书面授权及批准。

4.4.9.5　外包软件开发（G3）

本项要求包括：

a）应根据开发要求检测软件质量；

> **释义：** 为确保外包软件开发安全性，在外包软件开发前应对软件开发单位以书面文档形式规范软件外包开发单位的责任、开发过程中的安全行为、开发环境要求和软件质量等相关内容，根据相关文档检测软件质量。

b）应在软件安装之前检测软件包中可能存在的恶意代码；

> **释义：** 为确保外包软件开发安全性，软件安装之前应由开发商和委托方共同参与，使用第三方商业产品来检测软件中的恶意代码，确保软件使用安全。

c）应要求开发单位提供软件设计的相关文档和使用指南；

> **释义：** 为确保外包软件开发安全性，软件开发单位应以书面文档形式提供能够独立对软件进行安装、配置、日常维护和使用所需的相关文档。

d）应要求开发单位提供软件源代码，并审查软件中可能存在的后门。

> **释义：** 为确保外包软件开发安全性，保证软件源代码的可控、能控、在控，软件开发单位应留有委托开发软件的源代码备份，软件安装之前应由开发商和委托方共同参与源代码测试及软件后门的检测审查工作。

4.4.9.6　工程实施（G3）

本项要求包括：

a）应指定或授权专门的部门或人员负责工程实施过程的管理；

> **释义：** 为了监督、督促工程实施单位的工作，委托建设方最好指定或授权专门的人员或部门负责工程实施过程的管理与协调，要求根据实施方案进行实施，必要时可以请工程监理控制项目的实施过程。

b）应制定详细的工程实施方案控制实施过程，并要求工程实施单位能正式地执行安全工程过程；

> **释义：** 应编制详细的工程实施方案，内容应覆盖工程时间限制、进度控制和质量控制等方面内容，并明确要求工程实施单位严格按照该方案进行安全工程实施。

c）应制定工程实施方面的管理制度，明确说明实施过程的控制方法和人员行为准则。

> **释义：** 应就工程实施方面制定专门的管理制度，明确要求安全工程实施过程中所涉及的控制方法，规范人员行为准则。

4.4.9.7　测试验收（G3）

本项要求包括：

a）应委托国家或电力行业认可的测评机构对系统进行安全性测试验收；（**细化**）

> **释义：** 为保证工程建设完全按照既定方案和要求实施，在工程实施完成之后，系统交付使用之前，委托建设方应委托国家或电力行业认可的测评机构按照系统测试验收管理制度要求、设计方案或合同要求进行系统的安全测试验收。

b）在测试验收前应根据设计方案或合同要求等制定测试验收方案，在测试验收过程中应详细记录测试验收结果，并形成测试验收报告；

> **释义：** 应制定并检查工程测试验收方案，应对参与验收部门、人员、现场操作过程等进行要求。在测试过程中需详细记录测试时间、人员、操作过程、测试结果等方面内容，并文档化形成测试报告。

c）应对系统测试验收的控制方法和人员行为准则进行书面规定；

> **释义：** 应制定相关管理规定对系统测试验收的控制方法和涉及人员的行为准则进行明确规范。

d）应指定或授权专门的部门负责系统测试验收的管理，并按照管理规定的要求完成系统测试验收工作；

> **释义：** 系统的测试验收管理工作应由机构指定或授权专门的部门负责，并严格按照已制定的相关管理规定要求完成系统测试验收的相关工作，测试记录应详细记录测试时间、人员、操作过程、测试结果等方面内容，测试报告应提出存在问题及改进意见。

e）应组织相关部门和相关人员对系统测试验收报告进行审定，并签字确认。

> **释义：** 为保证测试验收报告质量，应组织相关部门和人员对系统测试验收报告中的测试方法、测试内容、测试结果等进行评审，并签字确认。

4.4.9.8 系统交付（G3）

本项要求包括：

a）应制定详细的系统交付清单，并根据交付清单对所交接的设备、软件和文档等进行清点；

> **释义：** 交付阶段，系统委托建设方和承建方都应按照委托协议或其他协议而形成的交接清单进行交付工作，交接工作需按照该手续办理，保证交付工作能够按照既定的要求顺利完成；系统交付清单需详细及充分并满足合同的有关要求。应根据交接清单对所交接的设备、文档、软件等进行清点，必要时应对交付工作进行制度化要求。

b）应对负责系统运行维护的技术人员每年进行相应的技能培训，对安全教育和培训的情况和结果进行记录并归档保存；（细化）

> **释义：** 系统交付工作不仅仅是简单的交接工作，由于系统的安装、配置、开发等过程都是由建设方负责的，委托方在这些方面较为生疏，而委托方却是系统的主要使用者，因此，在交付后，建设方需承担一段时间的技术支持工作（如培训、维护等服务），通过培训教育，保证委托方能够熟练、顺利的对系统进行运行维护，并对安全教育和培训的情况和结果进行记录并归档保存。

c）应确保提供系统建设过程中的文档和指导用户进行系统运行维护的文档；

> **释义：** 需确保建设方提供系统建设文档（如系统建设方案）、指导用户进行系统运维的文档（如服务器操作规程书）以及系统培训手册等文档。

d）应对系统交付的控制方法和人员行为准则进行书面规定；

> **释义：** 应制定相关管理规定对交付过程的控制方法和对交付参与人员的行为限制进行明确规范。

e）应指定或授权专门的部门负责系统交付的管理工作，并按照管理规定的要求完成系统交付工作。

> **释义：** 系统的交付工作应由机构指定或授权专门的部门负责管理，并严格按照已制定的相关管理规定要求完成系统测试验收的相关工作。

4.4.9.9 系统备案（G3）

本项要求包括：

a）应指定专门的部门或人员负责管理系统定级的相关材料，并控制这些材料的使用；

>**释义：** 为准确定级，防止定级材料所涉及的敏感信息泄露（如拓扑图等），系统定级的相关材料应由机构指定专门的部门或具体的人员负责管理，并通过有效手段控制定级材料的使用并予以记录。

b）电力（集团）公司应统一汇总所属单位定级结果，报电力监管机构审批备案；（细化）

>**释义：** 应将系统等级及相关材料报系统主管部门备案，电力（集团）公司汇总系统等级及相关信息报电力监管机构备案，电力监管机构确认系统安全保护等级是否符合国家要求和行业规定。

c）应将经电力监管机构审批的系统等级及其他要求的备案材料报相应公安机关备案。（细化）

>**释义：** 跨电力公司联网运行，且由电力监管机构统一确定安全等级的信息系统，由电力监管机构统一向公安部办理备案手续。电力公司内部跨省联网运行，且由公司责任部门统一确定安全等级的信息系统，由公司责任部门负责统一向公安部办理备案手续。其他信息系统的由运营使用单位直接向当地设区的市级以上公安机关备案。跨省联网运行的信息系统，在各地运行、应用的分支系统，向当地的市级以上公安机关备案。

4.4.9.10 等级测评（G3）

本项要求包括：

a）在系统运行过程中，应至少每年对系统进行一次等级测评，发现不符合相应等级保护标准要求的及时整改；

>**释义：** 按照《信息安全等级保护管理办法》要求，对于定级为三级的信息系统，应确保每年对该系统完成一次等级测评，对测评发现的问题，需及时进行整改。

b）应在系统发生变更时及时对系统进行等级测评，发现级别发生变化的及时调整级别并进行安全改造，发现不符合相应等级保护标准要求的及时整改；

>**释义：** 对于定级为三级的信息系统，若系统发生变更（如系统升级、环境变更等），应及时开展等级测评，若变更导致系统级别发生变化的应及时调整其级别并进行改造，对发现的不符合相应等级保护标准要求问题，需及时进行整改。

c）系统运营使用单位应选择具有行业监管部门推荐的具有电力行业信息安全等级测评资格的机构承担本单位信息系统的测评工作；（**增强**）

> **释义：** 为进一步防范测评次生风险，对于电力系统的等级测评工作，系统运营使用单位应选择电力行业监管部门推荐的具有电力行业信息安全等级测评资格的机构承担，确保其安全性。

d）应指定或授权专门的部门或人员负责等级测评的管理。

> **释义：** 三级系统等级测评的相关管理工作应由机构指定或授权专门的部门负责，并严格按照已制定的相关管理规定要求执行。

4.4.9.11 安全服务商选择（G3）

本项要求包括：

a）应选择符合国家及行业有关规定的服务商开展安全服务；（**细化**）

> **释义：** 需根据国家及电力行业的相关规定选择安全服务商，可考量如安全服务资质、安全服务业绩、公司规模、安全服务人员资质等。

b）应与选定的安全服务商签订安全协议，明确安全责任；（**细化**）

> **释义：** 信息系统建设过程涉及安全咨询、规划、设计、实施、监理、培训、维护和响应、检测评估等各方面的安全服务，这些服务渗透到信息系统的方方面面，这就使得信息安全服务提供商有机会在使用者毫不知情的情况下，在服务或技术产品中隐埋下各种各样的不安全因素。为了减少或者杜绝这些服务可能带来的新的安全问题，应使用可信的安全服务，因此，在选择安全服务商的时候，应选择那些已获得相关资质的，并签订相关的安全协议，明确安全责任。

c）应与服务商签订安全服务合同，明确技术支持和服务承诺。（**增强**）

> **释义：** 应与服务商签订安全服务合同，合同中应明确技术支持和服务承诺相关条款。

4.4.10 系统运维管理

4.4.10.1 环境管理（G3）

本项要求包括：

a）应指定专门的部门或人员定期对机房供配电、空调、温湿度控制等设施进行维护管理；

> **释义**：为了确保机房内主机和网络设备的运行环境良好和安全，单位应该以制度文件的形式，明确指定专门的部门或人员定期对单位物理机房的供电、配电、空调、温湿度控制等设施进行日常维护和日常管理。

b）应指定部门负责机房安全，并配备机房安全管理人员，对机房的出入、服务器的开机或关机等工作进行管理；

> **释义**：为了确保机房的运行环境安全。单位应该以制度文件的形式，明确指定专门的部门或人员对单位物理机房的出入、服务器的开机或关机等工作进行维护管理。

c）应建立机房安全管理制度，对有关机房物理访问，物品带进、带出机房和机房环境安全等方面的管理作出规定；

> **释义**：为了确保机房的运行环境良好和安全，单位应对机房物理访问，物品带进、带出机房和机房环境安全等方面制定一系列规定，建立机房安全管理制度。

d）应加强对办公环境的保密性管理，规范办公环境人员行为，包括工作人员调离办公室应立即交还该办公室钥匙、不在办公区接待来访人员、工作人员离开座位应确保终端计算机退出登录状态和桌面上没有包含敏感信息的纸档文件等。

> **释义**：工作人员办公时可能涉及一些敏感或涉密信息，因此应对办公环境安全进行严格管理和控制。严格管理办公环境中的保密文件，包括内部工作人员调离办公室应立即交还该办公室钥匙、内部工作人员不在办公区接待来访人员、内部工作人员离开座位应确保终端计算机退出登录状态和桌面上没有包含敏感信息的纸档文件等。

4.4.10.2　资产管理（G3）

本项要求包括：

a）应编制并保存与信息系统相关的资产清单，包括资产责任部门、重要程度和所处位置等内容；

> **释义**：明确资产是信息系统安全风险分析的基础。为了对信息系统相关的资产包括信息、各种客户端、服务器、网络设备、软件、存储介质及各种相关设施等实施有效的管理，需要按照单位内部相关制度要求，编制与信息系统所有相关的资产清单，资产清单内容应详细准确，要包含资产的责任部门、资产的重要程度、资产所在位置等内容。

b）应建立资产安全管理制度，规定信息系统资产管理的责任人员或责任部门，并规范资产管理和使用的行为；

> **释义：** 为了对信息系统的资产包括信息、各种客户端、服务器、网络设备、软件、存储介质及各种相关设施等实施有效的管理，单位应建立资产安全管理制度，明确责任人员或责任部门，规范资产管理和使用行为。

c）应根据资产的重要程度对资产进行标识管理，根据资产的价值选择相应的管理措施；

> **释义：** 为了明确资产的重要程度及需要采取相对应的管理措施，单位应对信息系统的资产进行分类标识，并根据资产的价值制定有效措施。

d）应对信息分类与标识方法作出规定，并对信息的使用、传输和存储等进行规范化管理。

> **释义：** 信息系统的资产包括信息、各种客户端、服务器、网络设备、软件、存储介质及各种相关设施等。如何对信息分类和标识资产应作出明确规定，对信息的使用管理、传输和存储等要规范化管理。

4.4.10.3 介质管理（G3）

本项要求包括：

a）应建立介质安全管理制度，对介质的存放环境、使用、维护和销毁等方面作出规定；

> **释义：** 数据存储介质主要包括移动硬盘、磁带、光盘、纸介质等，为了防止介质中存储的数据丢失或破坏造成的信息泄密等问题，单位应建立介质安全管理制度，对介质的存放环境、使用、维护和销毁等作出详细的规定，妥善管理介质。

b）应建立移动存储介质安全管理制度，落实移动存储介质管控措施；（新增）

> **释义：** 移动存储介质主要包括移动硬盘、磁带、光盘、纸介质等，由于存储介质中存放的数据可能是单位内部的敏感信息，因此单位应建立移动存储介质安全管理制度，落实移动存储介质管控措施。

c）应确保介质存放在安全的环境中，对各类介质进行控制和保护，并实行存储环境专人管理；

> **释义：** 为了确保介质中存放的数据安全有效的使用，单位应对介质存放环

境进行专人管理，定期检查介质的有效性，并严格分发。

d）应对介质在物理传输过程中的人员选择、打包、交付等情况进行控制，对介质归档和查询等进行登记记录，并根据存档介质的目录清单定期盘点；

释义： 为了保证介质的有序、正确、合理的分发使用，单位应对介质在物理传输过程中的人员选择、打包、交付、归档和查询等进行登记记录，定期盘点介质的目录清单。

e）应对存储介质的使用过程、送出维修以及销毁等进行严格的管理，对带出工作环境的存储介质进行内容加密和监控管理，对送出维修或销毁的介质应首先清除介质中的敏感数据，对保密性较高的存储介质未经批准不得自行销毁；

释义： 为了防止介质中的敏感数据被泄露，单位应对送出维修或销毁的介质严格管理，监控管理带出工作环境的存储介质，加密文件内容。对送出维修或销毁的介质应首先清除介质中的敏感数据，未经批准不得自行销毁保密性较高的存储介质。

f）应根据数据备份的需要对某些介质实行异地存储，存储地的环境要求和管理方法应与本地相同；

释义： 为了防止本地存放介质被破坏，单位应对某些介质实施异地存储，存储介质环境要满足要求，存储管理要求要与非异地存储要求相同。

g）对重要数据和软件采用加密介质存储，并根据所承载数据和软件的重要程度对介质进行分类和标识管理。（增强）

释义： 为了防止重要数据和软件丢失或被破坏，单位应使用加密介质存储重要数据和软件，并按照数据和软件的重要程度对介质进行分类管理。

4.4.10.4　设备管理（G3）

本项要求包括：

a）应对信息系统相关的各种设备（包括备份和冗余设备）、线路等指定专门的部门或人员定期进行维护管理，每年至少维护一次；

释义： 为了保证信息系统相关的各种设备包括服务器、终端计算机、工作站、便携机、网络设备、安全设备、存储设备等的正常稳定运行，单位应指定专门的部门或者人员定期进行维护管理，每年至少维护一次设备。

b）应建立基于申报、审批和专人负责的设备安全管理制度，对信息系统的各种软硬件设备的选型、采购、发放和领用等过程进行规范化管理；

↳释义： 为了规范管理各种软硬件设备的选型、采购、发放和领用，单位应建立基于申报、审批和专人负责的设备安全管理制度，保证这些设备的正常运行，并认真做好使用和维护记录。

c）应建立配套设施、软硬件维护方面的管理制度，对其维护进行有效的管理，包括明确维护人员的责任、涉外维修和服务的审批、维修过程的监督控制等；

↳释义： 为了对配套设施，软硬件维护方面进行有效的管理，单位应建立配套设施、维护的管理制度，操作人员必须严格按照操作规程进行使用和维护，明确维护人员的责任，审批、控制涉外维修和服务等。

d）应对终端计算机、工作站、便携机、系统和网络等设备的操作和使用进行规范化管理，按操作规程实现主要设备（包括备份和冗余设备）的启动/停止、加电/断电等操作；

↳释义： 为了确保主要设备（包括备份和冗余设备）正常稳定运行。单位应对各种服务器、终端计算机、工作站、便携机、网络设备、安全设备、存储设备等的操作和使用制定管理制度，制度应详细规范主要设备（包括备份和冗余设备）的启动/停止、加电/断电等操作。

e）应确保信息处理设备必须经过审批才能带离机房或办公地点。

为了防止信息不当扩散而引起的信息泄露，必须通过单位审批流程才能将信息处理设备带离机房或办公地点。

4.4.10.5 监控管理和安全管理中心（G3）

本项要求包括：

a）应对通信线路、主机、网络设备和应用软件的运行状况、网络流量、用户行为等进行监测和报警，形成记录并妥善保存；

↳释义： 为了保证信息系统的运行过程稳定安全，单位需要对该信息系统中的防火墙、入侵检测设备、路由器、交换机、主要通信线路和服务器等设备进行监控，监测通信线路、主机、网络设备和应用软件的运行状况、网络流量、用户行为等，能够对检测到的异常状况进行报警，监控记录要妥善保存。

b）应组织相关人员定期对监测和报警记录进行分析、评审，发现可疑行为，形成分析报告，并采取必要的应对措施；

↳释义： 单位要定期组织工作人员收集这些监控对象的各类状态信息，例如网络流量、日志信息、安全报警和性能状况等，对其影响程度和范围进行分析并按照结果形成分析报告和应对措施。

c）应建立安全管理中心，对设备状态、恶意代码、补丁升级、安全审计等安全相关事项进行集中管理。

　　释义： 单位应建立安全管理中心，统一管理设备状态、恶意代码、补丁升级、安全审计，以便及时发现安全事件或安全变更需求，及早加以解决。

4.4.10.6　网络安全管理（G3）

本项要求包括：

a）应指定专人对网络进行管理，负责运行日志、网络监控记录的日常维护和报警信息分析和处理工作；

　　释义： 为了保障系统网络稳定运行，单位应该通过网络安全管理制度来规范网络安全管理的各种行为，指派工作人员对网络进行严格管理，对网络的各项安全记录分析，对发生的网络安全事件及时预警，并做好善后处理工作。

b）应建立网络安全管理制度，对网络安全配置、日志保存时间、安全策略、升级与打补丁、口令更新周期等方面作出规定；

　　释义： 网络安全关系着整体安全，网络安全管理的内容要涵盖全面，应包括网络安全配置、日志保存时间、安全策略、升级与打补丁、口令更新周期等。规范化网络安全管理，建立详细的设备安全管理制度，保证这些设备的正常运行。

c）应根据厂家提供的软件升级版本对网络设备进行更新，并在更新前对现有的重要文件进行备份；

　　释义： 应根据设备厂商提供的软件升级版本对网络设备进行更新，及时更新软件升级版本，但是在更新前要对现有的重要文件进行全面的备份，保证系统更新失败时可以全面恢复至升级前状态。

d）应定期对网络系统进行漏洞扫描，对发现的网络系统安全漏洞进行及时的修补；

　　释义： 为避免漏洞被利用，对网络系统存在的漏洞要定期进行漏洞扫描，对发现的安全漏洞及时修补。

e）应实现设备的最小服务配置，并对配置文件进行定期离线备份；

　　释义： 为了避免网络设备承载过多的负荷，单位应对设备仅配置需要配置的项目，禁止配置与业务无关的策略，并对配置文件进行定期离线备份。

f）应保证所有与外部系统的连接均得到授权和批准；

> **↘释义：** 为了保证网络环境的安全性，单位应控制与外部系统连接的设备，并对需要外联的设备进行授权和批准，未经授权和批准不得连接。

g）应依据安全策略允许或者拒绝便携式和移动式设备的网络接入；

> **↘释义：** 为了保证网络环境的安全性，单位要依照网络管理制度要求的安全策略允许或者拒绝便携式和移动式设备接入网络系统。

h）应定期检查违反规定拨号上网或其他违反网络安全策略的行为。

> **↘释义：** 应制定相关检查制度，建立相应检查机制，采取有效检查手段，能够对违反规定拨号上网行为进行检测检查。

4.4.10.7 系统安全管理（G3）

本项要求包括：

a）应根据业务需求和系统安全分析确定系统的访问控制策略；

> **↘释义：** 为了保障系统的安全稳定的运行，单位根据工作需求和业务系统安全分析确定访问控制策略。

b）应定期进行漏洞扫描，对发现的系统安全漏洞及时进行修补；

> **↘释义：** 为了防止系统存在漏洞风险，单位应定期进行漏洞扫描，及时修补发现的系统安全漏洞。

c）应安装系统的最新补丁程序，在安装系统补丁前，首先在测试环境中测试通过，并对重要文件进行备份后，方可实施系统补丁程序的安装；

> **↘释义：** 系统安全管理也应当按照相应的管理制度和操作规程进行，依据制度要求的安全策略，安装系统的最新补丁程序，在安装系统补丁前，首先应在测试环境中测试补丁，测试通过后对重要文件进行备份后，方可实施系统补丁程序的安装。

d）应建立系统安全管理制度，对系统安全策略、安全配置、日志管理和日常操作流程等方面作出具体规定；

> **↘释义：** 建立系统安全管理制度，系统安全管理的内容主要应包括系统安全策略、安全配置、日志管理和日常操作流程等内容。

e）应指定专人对系统进行管理，划分系统管理员角色，明确各个角色的权限、责任和风险，权限设定应当遵循最小授权原则；

> **释义：** 系统安全管理也应当按照相应的管理制度和操作规程进行，依据制度要求的安全策略，制度应由专人负责管理，工作人员要划分系统管理员角色，明确各个角色的权限、责任和风险，权限设定应当遵循最小授权原则。

f）应依据操作手册对系统进行维护，详细记录操作日志，包括重要的日常操作、运行维护记录、参数的设置和修改等内容，严禁进行未经授权的操作；

> **释义：** 为了全面、细致、安全地对系统进行维护，单位应制定操作手册包括重要的日常操作、运行维护记录、参数的设置和修改等内容，详细记录操作日志。严禁工作人员运行未经授权操作系统。

g）应定期对运行日志和审计数据进行分析，以便及时发现异常行为。

> **释义：** 为了及时发现信息安全隐患，应定期对运行日志和审计数据进行分析，对异常行为及时发现、及时处理。

4.4.10.8 恶意代码防范管理（G3）

本项要求包括：

a）应提高所有用户的防病毒意识，及时告知防病毒软件版本，在读取移动存储设备上的数据以及网络上接收文件或邮件之前，先进行病毒检查，对外来计算机或存储设备接入网络系统之前也应进行病毒检查；

> **释义：** 恶意代码对信息系统的危害极大，并且传播途径有多种方式，因此对恶意代码的防范比较困难，要提高防病毒意识，及时发布防病毒软件版本，在打开文件之前，先进行病毒检查，对外来设备接入网络系统之前也应进行病毒检查。

b）应指定专人对网络和主机进行恶意代码检测并保存检测记录；

> **释义：** 应建立完善的恶意代码管理制度并有效实施，工作人员应定期检测恶意代码并保存检测记录。

c）应对防恶意代码软件的授权使用、恶意代码库升级、定期汇报等作出明确规定；

> **释义：** 应建立完善的恶意代码管理制度，明确规定防恶意代码软件的授权使用、恶意代码库升级，定期汇报升级情况。

d）应定期检查信息系统内各种产品的恶意代码库的升级情况并进行记录，对主机防病毒产品、防病毒网关和邮件防病毒网关上截获的危险病毒或恶意代码进行及时分析处理，并形成书面的报表和总结汇报。

> **释义：** 应按照恶意代码管理制度定期检查恶意代码库的升级，记录防病毒产品、防病毒网关和邮件防病毒网关上截获的危险病毒或恶意代码，及时分析恶意代码，对发生的事件总结并形成报表和汇报。

4.4.10.9 密码管理（G3）

应建立密码使用管理制度，使用符合国家密码管理规定的密码技术和产品。

> **释义：** 密码技术是保证信息保密性和完整性的重要技术，为保证密码技术使用过程的安全，应建立完善的密码管理制度，明确密码使用规范，对于该技术涉及的密码和密钥应通过建立管理制度加强管理，包括密钥的产生、分发、存储、更换、使用和废止各个环节都应当加强监督和管理，使用符合国家密码管理规定的产品。

4.4.10.10 变更管理（G3）

本项要求包括：

a）应确认系统中要发生的变更，并制定变更方案；

> **释义：** 变更是对信息系统的有效改建和更新，单位应确认系统中要发生的变更，并对变更事件进行及时详细的记录，制定完善的变更方案。

b）应建立变更管理制度，系统发生变更前，向主管领导申请，变更和变更方案经过评审、审批后方可实施变更，并在实施后将变更情况向相关人员通告；

> **释义：** 变更是对信息系统的有效改建和更新，应建立变更管理制度，对变更事件进行及时详细的记录，系统发生变更前，应向主管领导申请，变更和变更方案经过专家评审、领导审批后方可实施变更，并在变更实施后将变更情况向上级和系统相关人员通告。

c）应建立变更控制的申报和审批文件化程序，对变更影响进行分析并文档化，记录变更实施过程，并妥善保存所有文档和记录；

> **释义：** 为了规范变更流程的有效性，单位应建立变更控制的申报和审批文件化程序，在变更前要根据建立的变更控制的申报和审批文件化程序，对变更影响进行分析，详细记录分析过程和分析结果，记录变更实施过程，并妥善保存所有变更文档和记录。

d）应建立中止变更并从失败变更中恢复的文件化程序，明确过程控制方法和人员职责，必要时对恢复过程进行演练。

> **释义：** 为了防止变更失败无法复原，单位应制定变更失败恢复的程序，制定详细的过程控制方法和工作人员职责，恢复之前要对变更进行演练，变更失败时保证系统能够恢复到变更前的系统状态。

4.4.10.11 备份与恢复管理（G3）

本项要求包括：

a）应识别需要定期备份的重要业务信息、系统数据及软件系统等；

> **释义：** 备份是确保数据意外丢失或损坏时及时加以恢复的重要手段，单位应对信息进行重要性识别，对识别后需要备份的重要业务信息、系统数据及软件系统要定期进行备份。

b）应建立备份与恢复管理相关的安全管理制度，对备份信息的备份方式、备份频度、存储介质和保存期等进行规范；

> **释义：** 备份是确保数据意外丢失或损坏时及时加以恢复的重要手段，单位应建立备份、恢复等相关安全管理制度，详细规定备份信息的备份方式、备份频度、存储介质和保存期等内容。

c）应根据数据的重要性和数据对系统运行的影响，制定数据的备份策略和恢复策略，备份策略须指明备份数据的放置场所、文件命名规则、介质替换频率和将数据离站运输的方法；

> **释义：** 备份是确保数据意外丢失或损坏时及时加以恢复的重要手段。备份和恢复管理要根据机构需要及对业务影响的程度，根据数据的重要性和数据对系统运行的影响，制定数据的备份和恢复策略，策略要规范、全面和详细，备份策略要明确备份数据的放置场所、文件命名规则、介质替换频率和将数据离站运输的方法等内容。

d）应建立控制数据备份和恢复过程的程序，对备份过程进行记录，所有文件和记录应妥善保存；

> **释义：** 备份是确保数据意外丢失或损坏时及时加以恢复的重要手段。单位应确定需要备份的数据、备份策略和备份方式，控制数据备份和恢复过程，并根据备份策略，妥善保存数据备份和恢复文件记录。

e）应定期执行恢复程序，检查和测试备份介质的有效性，确保可以在恢复程序规定的时间内完成备份的恢复。

> **释义：** 为了保障备份数据的完整性，单位应定期验证恢复程序执行的有效性，保护好测试备份介质，确保恢复时间在规定的时间范围内完成备份的恢复。

4.4.10.12 安全事件处置（G3）

本项要求包括：

a）应报告所发现的安全弱点和可疑事件，但任何情况下用户均不应尝试验证弱点；

> **释义：** 尝试验证弱点，可能发生一些事先无法预计的安全事件，工作人员应及时报告所发现的安全弱点和可疑事件，保证系统的任何问题及存在的漏洞无法被尝试验证。

b）应制定安全事件报告和处置管理制度，明确安全事件的类型，规定安全事件的现场处理、事件报告和后期恢复的管理职责；

> **释义：** 信息系统在运行过程中，为确保安全事件能够得到及时有效的处置，应制定安全事件报告和处置管理制度，详细制定关于安全事件的类型，安全事件的现场处理、事件总结报告和事件结束后的后期恢复管理等内容。

c）应根据国家相关管理部门对计算机安全事件等级划分方法和安全事件对本系统产生的影响，对本系统计算机安全事件进行等级划分；

> **释义：** 信息系统在运行过程中，为确保安全事件能够得到及时有效的处置，单位应当根据有关规定对信息系统安全事件进行等级划分、分级响应和处置。

d）应制定安全事件报告和响应处理程序，确定事件的报告流程，响应和处置的范围、程度，以及处理方法等；

> **释义：** 为了规范安全事件能够得到及时有效的处置，单位应制定安全事件报告和响应处理程序，以便在发现安全事件时，能够根据安全事件的等级、范围、程度及时采取相应的处置办法。

e）应在安全事件报告和响应处理过程中，分析和鉴定事件产生的原因，收集证据，记录处理过程，总结经验教训，制定防止再次发生的补救措施，过程形成的所有文件和记录均应妥善保存；

> **释义：** 信息系统在运行过程中，为确保安全事件能够得到及时有效的处置，应分析和鉴定事件产生的原因，收集事件中暴露的日志等证据，记录事件的全部处理过程，总结经验教训，制定防止再次发生的技术和管理补救措施。在安全事件报告和响应处理过程中形成的所有记录和文档要由专人妥善保管保存。

f）对造成系统中断和造成信息泄密的安全事件应采用不同的处理程序和报告程序。

> **释义：** 为了规范不同安全事件的不同处理方式，单位应按照事件的级别和事件的范围等因素对造成系统中断和造成信息泄密的安全事件采用不同的处理流程和报告流程。

4.4.10.13 应急预案管理（G3）

本项要求包括：

a）应在统一的应急预案框架下制定不同事件的应急预案，应急预案框架应包括启动应急预案的条件、应急处理流程、系统恢复流程、事后教育和培训等内容；

> **释义：** 为有效处理信息系统中可能发生的安全事件，应当针对安全事件等级，考虑其可能性及对系统和业务产生的影响，制定响应不同事件的应急预案，内容应包括启动应急预案的条件、应急处理流程、系统恢复流程、事后教育和培训等内容，保证应急预案的处置办法能够适应不同的安全事件。

b）应从人力、设备、技术和财务等方面确保应急预案的执行有足够的资源保障；

> **释义：** 对不同的安全事件制定了不同的应急预案，但是也要有足够的资金从人力、设备、技术和财务等方面投入到应急预案的建设和执行中。

c）应对安全管理员、系统管理员、网络管理员等相关的人员进行应急预案培训，应急预案的培训应至少每年举办一次；（细化）

> **释义：** 应对相关人员进行定期的应急预案培训，培训时间要至少每年举办一次，培训人员要包含安全管理员、系统管理员、网络管理员等相关系统工作人员。

d）应定期对应急预案进行演练，根据不同的应急恢复内容，确定演练的周期；

> **释义：** 应根据不同的应急恢复内容对应急预案进行演练，演练要制定详细的计划，确定演练的周期时间。

e）应规定应急预案需要定期审查和根据实际情况更新的内容，并按照执行。

> **释义：** 要定期审查应急预案，定期对应急预案进行更新，明确应急预案的修订时间和修订内容，确保不断出现的新安全时间得到妥善处置，将影响降低到最小。

《电力行业信息系统安全等级保护基本要求》

(管理类信息系统)

第一部分　通用要求

1　适用范围

本规范规定了电力信息系统安全等级保护的基本要求，包括总体要求、基本技术要求和基本管理要求，适用于指导分等级的信息系统的安全建设和监督管理。本规范主要包括通用要求、管理类信息系统要求和生产控制类信息系统要求三部分。其中，通用要求部分同时适用于管理类信息系统和生产控制类信息系统，管理类信息系统基本要求适用于管理类信息系统的安全建设和监督管理，生产控制类信息系统基本要求适用于生产控制类信息系统的安全建设和监督管理。

2　规范性引用文件

下列文件中的条款通过在本规范的引用而成为本规范的条款。凡是注日期的引用文件，其随后所有的修改单（不包括勘误的内容）或修订版均不适用于本规范，然而，鼓励根据本规范达成协议的各方研究是否使用这些文件的最新版本。凡是不注明日期的引用文件，其最新版本适用于本规范。

《信息安全等级保护管理办法》（公通字［2007］43号）

GB 17859—1999《计算机信息系统安全保护等级划分准则》

GB/T 22239—2008《信息安全技术　信息系统安全等级保护基本要求》

GB/T 25070—2010《信息安全技术　信息系统等级保护安全设计技术要求》

《电力二次系统安全防护规定》（电监会5号令）

《电力行业网络与信息安全监督管理暂行规定》（电监信息［2007］50号）

《电力行业信息系统安全等级保护定级工作指导意见》（电监信息［2007］44号）

3　术语和定义

GB 17859—1999《计算机信息系统　安全保护等级划分准则》和GB/T 22240—2008《信息安全技术　信息系统安全等级保护定级指南》确立的以及下列术语和定义适用于本规范。

安全保护能力 security protective ability

系统能够预防威胁并能够检测到威胁存在的能力和在遭到威胁破坏后，系统能够恢复之前各种状态（包括数据的各种属性、业务运行状态等）的能力。

4 信息系统安全等级保护概述

4.1 信息系统安全保护等级

信息系统根据其在国家安全、经济建设、社会生活中的重要程度，遭到破坏后对国家安全、社会秩序、公共利益以及公民、法人和其他组织的合法权益的危害程度等，由低到高划分为五级。

4.2 不同等级的安全保护能力

不同等级的信息系统应具备的基本安全保护能力如下：

第一级安全保护能力：应能够防护系统免受来自个人的、拥有很少资源的威胁源发起的恶意攻击、一般的自然灾难，以及其他相当危害程度的威胁所造成的关键资源损害，在系统遭到损害后，能够恢复部分功能。

第二级安全保护能力：应能够防护系统免受来自外部小型组织的、拥有少量资源的威胁源发起的恶意攻击、一般的自然灾难，以及其他相当危害程度的威胁所造成的重要资源损害，能够发现重要的安全漏洞和安全事件，在系统遭到损害后，能够在一段时间内恢复部分功能。

第三级安全保护能力：应能够在统一安全策略下防护系统免受来自外部有组织的团体、拥有较为丰富资源的威胁源发起的恶意攻击、较为严重的自然灾难，以及其他相当危害程度的威胁所造成的主要资源损害，能够发现安全漏洞和安全事件，在系统遭到损害后，能够较快恢复绝大部分功能。

第四级安全保护能力：应能够在统一安全策略下防护系统免受来自国家级别的、敌对组织的、拥有丰富资源的威胁源发起的恶意攻击、严重的自然灾难，以及其他相当危害程度的威胁所造成的资源损害，能够发现安全漏洞和安全事件，在系统遭到损害后，能够迅速恢复所有功能。

第五级安全保护能力：（略）。

4.3 总体要求、基本技术要求和基本管理要求

信息系统安全等级保护应依据信息系统的安全保护等级情况保证它们具有相应等级的基本安全保护能力，不同安全保护等级的信息系统要求具有不同的安全保护能力。

基本安全要求是针对不同安全保护等级信息系统应该具有的基本安全保护能力提出的安全要求，根据实现方式的不同，基本安全要求分为总体要求、基本技术要求和基本管理要求三大类。总体要求分总体技术要求与总体管理要求，与各个单位的总体安全策略相关；技术类安全要求与信息系统提供的技术安全机制有关，主要通过在信息系统

中部署软硬件并正确的配置其安全功能来实现；管理类安全要求与信息系统中各种角色参与的活动有关，主要通过控制各种角色的活动，从政策、制度、规范、流程以及记录等方面做出规定来实现。

总体要求概括了电力行业信息安全防护策略的基本要求；基本技术要求从物理安全、网络安全、主机安全、应用安全和数据安全几个层面提出；基本管理要求从安全管理制度、安全管理机构、人员安全管理、系统建设管理和系统运维管理几个方面提出，总体要求、基本技术要求和基本管理要求是确保信息系统安全不可分割的三个部分。

基本安全要求从各个层面或方面提出了系统的每个组件应该满足的安全要求，信息系统具有的整体安全保护能力通过不同组件实现基本安全要求来保证。除了保证系统的每个组件满足基本安全要求外，还要考虑组件之间的相互关系，来保证信息系统的整体安全保护能力。关于信息系统整体安全保护能力的说明见附录A。

对于涉及国家秘密的信息系统，应按照国家保密工作部门的相关规定和标准进行保护。对于涉及密码的使用和管理，应按照国家密码管理的相关规定和标准实施。

4.4 基本技术要求的三种类型

根据保护侧重点的不同，技术类安全要求进一步细分为：保护数据在存储、传输、处理过程中不被泄露、破坏和免受未授权的修改的信息安全类要求（简记为 S）；保护系统连续正常的运行，免受对系统的未授权修改、破坏而导致系统不可用的服务保证类要求（简记为 A）；通用安全保护类要求（简记为 G）。

本规范中对基本安全要求使用了标记，其中的字母表示安全要求的类型，数字表示适用的安全保护等级。关于各类安全要求的选择和使用见附录B。

第二部分　管理类信息系统要求

5　总体要求

5.1 总体技术要求

a） 管理信息大区网络与生产控制大区网络应物理隔离；两网之间有信息交换时应部署符合电力系统安全防护要求的单向隔离装置；（**新增**）

b） 管理信息大区网络可进一步划分为内部网络和外部网络，两网之间有信息交换时边界防护强度应强于逻辑隔离；（**新增**）

c） 具有层次网络结构的单位可统一提供互联网出口；（**新增**）

d）二级信息系统统一成域，三级信息系统可独立成域；**（新增）**

e）三级信息系统域可由独立子网承载，每个域有唯一网络出口；对于难以整改的在线运行系统可采取在网络出口处部署符合第三级等级保护要求的安全软硬件产品等措施，使系统整体具备第三级等级保护能力。**（新增）**

5.2 总体管理要求

a）如果本单位管理信息大区仅有一级信息系统时，通用管理要求等同采用一级基本要求；**（新增）**

b）如果本单位管理信息大区含有二级及以下等级信息系统时，通用管理要求等同采用二级基本要求；**（新增）**

c）如果本单位管理信息大区含有三级及以下等级信息系统时，通用管理要求等同采用三级基本要求。**（新增）**

6 第一级基本要求

6.1 技术要求

6.1.1 物理安全

6.1.1.1 物理访问控制（G1）

机房出入应安排专人负责，控制、鉴别和记录进入的人员。

6.1.1.2 防盗窃和防破坏（G1）

本项要求包括：

a）应将主要设备放置在机房内；

b）应将设备或主要部件进行固定，并设置明显的不易除去的标记。

6.1.1.3 防雷击（G1）

机房建筑应设置避雷装置。

6.1.1.4 防火（G1）

机房应设置灭火设备。

6.1.1.5 防水和防潮（G1）

本项要求包括：

a）应对穿过机房墙壁和楼板的水管增加必要的保护措施；

b）应采取措施防止雨水通过机房窗户、屋顶和墙壁渗透。

6.1.1.6 温湿度控制（G1）

机房应设置必要的温、湿度控制设施，使机房温、湿度的变化在设备运行所允许的范围之内。

6.1.1.7 电力供应（A1）

应在机房供电线路上配置稳压器和过电压防护设备。

6.1.2 网络安全

6.1.2.1 结构安全（G1）

本项要求包括：

a）应保证关键网络设备的业务处理能力满足基本业务需要；

b）应保证接入网络和核心网络的带宽满足基本业务需要；

c）应绘制与当前运行情况相符的网络拓扑结构图。

6.1.2.2 访问控制（G1）

本项要求包括：

a）应在网络边界部署访问控制设备，启用访问控制功能；

b）应根据访问控制列表对源地址、目的地址、源端口、目的端口和协议等进行检查，以允许/拒绝数据包出入；

c）应通过访问控制列表对系统资源实现允许或拒绝用户访问，控制粒度至少为用户组。

6.1.2.3 网络设备防护（G1）

本项要求包括：

a）应对登录网络设备的用户进行身份鉴别；

b）应具有登录失败处理功能，可采取结束会话、限制非法登录次数和当网络登录连接超时自动退出等措施；

c）当对网络设备进行远程管理时，应采取必要措施防止鉴别信息在网络传输过程中被窃听。

6.1.3 主机安全

6.1.3.1 身份鉴别（S1）

应对登录操作系统和数据库系统的用户进行身份标识和鉴别。

6.1.3.2 访问控制（S1）

本项要求包括：

a） 应启用访问控制功能，依据安全策略控制用户对资源的访问；

b） 应限制默认账户的访问权限，重命名系统默认账户，修改这些账户的默认口令；

c） 应及时删除多余的、过期的账户，避免共享账户的存在。

6.1.3.3 入侵防范（G1）

操作系统应遵循最小安装的原则，仅安装需要的组件和应用程序，并保持系统补丁及时得到更新。

6.1.3.4 恶意代码防范（G1）

应安装防恶意代码软件，并及时更新防恶意代码软件版本和恶意代码库。

6.1.4 应用安全

6.1.4.1 身份鉴别（S1）

本项要求包括：

a） 应提供专用的登录控制模块对登录用户进行身份标识和鉴别；

b） 应提供登录失败处理功能，可采取结束会话、限制非法登录次数和自动退出等措施；

c） 应启用身份鉴别和登录失败处理功能，并根据安全策略配置相关参数。

6.1.4.2 访问控制（S1）

本项要求包括：

a） 应提供访问控制功能控制用户组/用户对系统功能和用户数据的访问；

b） 应由授权主体配置访问控制策略，并严格限制默认用户的访问权限。

6.1.4.3 通信完整性（S1）

应采用约定通信会话方式的方法保证通信过程中数据的完整性。

6.1.4.4 软件容错（A1）

应提供数据有效性检验功能，保证通过人机接口输入或通过通信接口输入的数据格式或长度符合系统设定要求。

6.1.5　数据安全及备份恢复

6.1.5.1　数据完整性（S1）

应能够检测到重要用户数据在传输过程中完整性受到破坏。

6.1.5.2　备份和恢复（A1）

应能够对重要信息进行备份和恢复。

6.2　管理要求

6.2.1　安全管理制度

6.2.1.1　管理制度（G1）

应建立日常管理活动中常用的安全管理制度。

6.2.1.2　制定和发布（G1）

本项要求包括：

a）应指定或授权专门的人员负责安全管理制度的制定；

b）应将安全管理制度以某种方式发布到相关人员手中。

6.2.2　安全管理机构

6.2.2.1　资金保障（G1）

应保障信息系统安全建设、运维、检查、等级保护测评及其他信息安全资金。**（新增）**

6.2.2.2　岗位设置（G1）

应设立系统管理员、网络管理员、安全管理员等岗位，并定义各个工作岗位的职责。

6.2.2.3　人员配备（G1）

应配备一定数量的系统管理员、网络管理员、安全管理员等。

6.2.2.4　授权和审批（G1）

应根据各个部门和岗位的职责明确授权审批部门及批准人，对系统投入运行、网络系统接入和重要资源的访问等关键活动进行审批。

6.2.2.5　沟通和合作（G1）

应加强与电力监管机构、公安机关及相关单位和部门的合作与沟通。**（增强）**

6.2.3 人员安全管理

6.2.3.1 人员录用（G1）

本项要求包括：

a）应指定或授权专门的部门或人员负责人员录用；

b）应对被录用人员的身份和专业资格等进行审查，并确保其具有基本的专业技术水平和安全管理知识。

6.2.3.2 人员离岗（G1）

本项要求包括：

a）应立即终止由于各种原因离岗员工的所有访问权限；

b）应收回其各种身份证件、钥匙、徽章等以及机构提供的软硬件设备。**（落实）**

6.2.3.3 安全意识教育和培训（G1）

本项要求包括：

a）应按照行业要求，制定安全教育和培训计划，对信息安全基础知识、岗位操作规程等进行的培训应至少每年举办一次。**（新增）**

b）应对各类人员进行安全意识教育和岗位技能培训；

c）应告知人员相关的安全责任和惩戒措施。

6.2.3.4 外部人员访问管理（G1）

应确保在外部人员访问受控区域前得到授权或审批。

6.2.4 系统建设管理

6.2.4.1 系统定级（G1）

本项要求包括：

a）应明确信息系统的边界和安全保护等级；

b）应以书面的形式说明信息系统确定为某个安全保护等级的方法和理由；

c）信息系统定级结果应通过电力监管机构的审批。**（细化）**

6.2.4.2 安全方案设计（G1）

本项要求包括：

a）应根据系统的安全保护等级选择基本安全措施，依据风险分析的结果补充和调整安全措施；

b） 应以书面的形式描述对系统的安全保护要求和策略、安全措施等内容，形成系统的安全方案；

c） 应对安全方案进行细化，形成能指导安全系统建设、安全产品采购和使用的详细设计方案。

6.2.4.3 产品采购和使用（G1）

本项要求包括：

a） 应确保安全产品采购和使用符合国家的有关规定；

b） 电力系统重要设备及专用信息安全产品应通过国家及行业监管部门推荐的专业机构的安全性检测后方可采购使用。**（新增）**

6.2.4.4 自行软件开发（G1）

本项要求包括：

a） 应确保开发环境与实际运行环境物理分开；

b） 应确保软件设计相关文档由专人负责保管。

6.2.4.5 外包软件开发（G1）

本项要求包括：

a） 应根据开发要求检测软件质量；

b） 应在软件安装之前检测软件包中可能存在的恶意代码；

c） 应确保提供软件设计的相关文档和使用指南。

6.2.4.6 工程实施（G1）

应指定或授权专门的部门或人员负责工程实施过程的管理。

6.2.4.7 测试验收（G1）

本项要求包括：

a） 应对系统进行安全性测试验收；

b） 在测试验收前应根据设计方案或合同要求等制定测试验收方案，在测试验收过程中应详细记录测试验收结果，并形成测试验收报告。

6.2.4.8 系统交付（G1）

本项要求包括：

a） 应制定系统交付清单，并根据交付清单对所交接的设备、软件和文档等进行清点；

b）应对负责系统运行维护的技术人员进行相应的技能培训；

c）应确保提供系统建设过程中的文档和指导用户进行系统运行维护的文档。

6.2.4.9　安全服务商选择（G1）

本项要求包括：

a）应确保安全服务商的选择符合国家的有关规定；

b）应与选定的安全服务商签订与安全相关的协议，明确约定相关责任。

6.2.5　系统运维管理

6.2.5.1　环境管理（G1）

本项要求包括：

a）应指定专门的部门或人员定期对机房供配电、空调、温湿度控制等设施进行维护管理；

b）应对机房的出入、服务器的开机或关机等工作进行管理；

c）应建立机房安全管理制度，对有关机房物理访问，物品带进、带出机房和机房环境安全等方面的管理作出规定。

6.2.5.2　资产管理（G1）

应编制与信息系统相关的资产清单，包括资产责任部门、重要程度和所处位置等内容。

6.2.5.3　介质管理（G1）

本项要求包括：

a）应确保介质存放在安全的环境中，对各类介质进行控制和保护；

b）应对介质归档和查询等过程进行记录，并根据存档介质的目录清单定期盘点。

6.2.5.4　设备管理（G1）

本项要求包括：

a）应对信息系统相关的各种设备、线路等指定专门的部门或人员定期进行维护管理；

b）应建立基于申报、审批和专人负责的设备安全管理制度，对信息系统的各种软硬件设备的选型、采购、发放和领用等过程进行规范化管理。

6.2.5.5　网络安全管理（G1）

本项要求包括：

a）应指定人员对网络进行管理，负责运行日志、网络监控记录的日常维护和报警信息分析和处理工作；

b）应定期进行网络系统漏洞扫描，对发现的网络系统安全漏洞进行及时的修补。

6.2.5.6 系统安全管理（G1）

本项要求包括：

a）应根据业务需求和系统安全分析确定系统的访问控制策略；

b）应定期进行漏洞扫描，对发现的系统安全漏洞进行及时的修补；

c）应及时安装系统补丁程序，在安装系统补丁前，应首先在测试环境中测试通过，并对重要文件进行备份后，方可实施系统补丁程序的安装。（**增强**）

6.2.5.7 恶意代码防范管理（G1）

应提高所有用户的防病毒意识，告知及时升级防病毒软件，在读取移动存储设备上的数据以及网络上接收文件或邮件之前，先进行病毒检查，对外来计算机或存储设备接入网络系统之前也应进行病毒检查。

6.2.5.8 备份与恢复管理（G1）

本项要求包括：

a）应识别需要定期备份的重要业务信息、系统数据及软件系统等；

b）应规定备份信息的备份方式、备份频度、存储介质、保存期等。

6.2.5.9 安全事件处置（G1）

本项要求包括：

a）应报告所发现的安全弱点和可疑事件，但任何情况下用户均不应尝试验证弱点；

b）应制定安全事件报告和处置管理制度，规定安全事件的现场处理、事件报告和后期恢复的管理职责。

7 第二级基本要求

7.1 技术要求

7.1.1 物理安全

7.1.1.1 物理位置的选择（G2）

机房和办公场地应选择在具有防震、防风和防雨等能力的建筑内。

7.1.1.2 物理访问控制（G2）

本项要求包括：

a）机房出入口应安排专人值守或配置电子门禁系统，控制、鉴别和记录人员出入情况；**（增强）**

b）需进入机房的来访人员应经过申请和审批流程，并限制和监控其活动范围。

7.1.1.3 防盗窃和防破坏（G2）

本项要求包括：

a）应将主要设备放置在机房内；

b）应将设备或主要部件进行固定，并设置明显的不易除去的标记；

c）应将通信线缆铺设在隐蔽处，可铺设在地下或管道中；

d）应对介质分类标识，存储在介质库或档案室中；

e）主机房应安装必要的防盗报警设施。

7.1.1.4 防雷击（G2）

本项要求包括：

a）机房建筑应设置避雷装置；

b）机房应设置交流电源地线。

7.1.1.5 防火（G2）

机房应设置灭火设备和**火灾自动报警系统**。

7.1.1.6 防水和防潮（G2）

本项要求包括：

a）与主机房无关的给排水管道不得穿过主机房，相关给排水管道必须有可靠的**防渗漏措施；（落实）**

b）应采取措施防止雨水通过机房窗户、屋顶和墙壁渗透；

c）应采取措施防止机房内水蒸气结露和地下积水的转移与渗透。

7.1.1.7 防静电（G2）

关键设备应采用必要的接地防静电措施。

7.1.1.8 温湿度控制（G2）

机房应设置温、**湿度自动调节设施**，使机房温、湿度的变化在设备运行所允许的范围之内。

7.1.1.9 电力供应（A2）

本项要求包括：

a）应在机房供电线路上配置稳压器和过电压防护设备；

b）应提供短期的备用电力供应，至少满足关键设备在断电情况下的正常运行要求。

7.1.1.10 电磁防护（S2）

电源线和通信线缆应隔离铺设，避免互相干扰。

7.1.2 网络安全

7.1.2.1 结构安全（G2）

本项要求包括：

a）管理信息大区网络与生产控制大区网络应物理隔离；两网之间有信息交换时应部署符合电力系统安全防护要求的单向隔离装置；**（新增）**

b）管理信息大区网络可进一步划分为内部网络和外部网络，两网之间有信息交换时边界防护强度应强于逻辑隔离；**（新增）**

c）电力（集团）公司应逐步统一互联网出口；**（新增）**

d）应保证关键网络设备的业务处理能力**具备冗余空间，满足业务高峰期需要**；

e）应保证接入网络和核心网络的带宽**满足业务高峰期需要**；

f）应绘制与当前运行情况相符的网络拓扑结构图，主要包括设备名称、型号、IP地址等信息，并提供网段划分、路由、安全策略等配置信息；**（增强）**

g）应根据各部门的工作职能、重要性和所涉及信息的重要程度等因素，划分不同的子网或网段，并按照方便管理和控制的原则为各子网、网段分配地址段。

7.1.2.2 访问控制（G2）

本项要求包括：

a）应在网络边界部署访问控制设备，启用访问控制功能；

b）应能根据会话状态信息为数据流提供明确的允许/拒绝访问的能力，控制粒度为端口级；**（增强）**

c）应按用户和系统之间的允许访问规则，决定允许或拒绝用户对受控系统进行资源访问，控制粒度为**单个用户**。以拨号或 VPN 等方式接入网络的，应采用强认证方式，并对用户访问权限进行严格限制；**（增强）**

d)应限制具有拨号、VPN等访问权限的用户数量。(增强)

7.1.2.3 安全审计（G2）

本项要求包括：

a)应对网络系统中的网络设备运行状况、网络流量、用户行为等进行日志记录；

b)审计记录应包括：事件的日期和时间、用户、事件类型、事件是否成功及其他与审计相关的信息。

7.1.2.4 边界完整性检查（S2）

本项要求包括：

a)应能够对内部网络中出现的内部用户未通过准许私自连接到外部网络的行为进行检查；

b)应逐步采用网络准入、终端控制、身份认证、可信计算等技术手段，维护网络边界完整性。(新增)

7.1.2.5 入侵防范（G2）

应在网络边界处监视以下攻击行为：端口扫描、强力攻击、木马后门攻击、拒绝服务攻击、缓冲区溢出攻击、IP碎片攻击和网络蠕虫攻击等。

7.1.2.6 网络设备防护（G2）

本项要求包括：

a)应对登录网络设备的用户进行身份鉴别；

b)应对网络设备的管理员登录地址进行限制；

c)网络设备标识应唯一，同一网络设备的用户标识应唯一，禁止多个人员共用一个账号；(增强)

d)身份鉴别信息应不易被冒用，口令复杂度应满足要求并定期更换；应修改默认用户和口令，不得使用默认口令；口令长度不得小于8位，且为字母、数字或特殊字符的混合组合，用户名和口令不得相同；禁止明文存储口令；(增强)

e)应具有登录失败处理功能，可采取结束会话、限制非法登录次数和当网络登录连接超时自动退出等措施；

f)当对网络设备进行远程管理时，采取必要措施防止鉴别信息在网络传输过程中被窃听；

g)应关闭不需要的网络端口及网络服务。如需使用SNMP服务，应采用安全性增

强版本；并应设定复杂的 Community 控制字段，禁止使用 Public、Private 等默认字段。（**新增**）

7.1.3 主机安全

7.1.3.1 身份鉴别（S2）

本项要求包括：

a） 应对登录操作系统和数据库系统的用户进行身份标识和鉴别；

b） 操作系统和数据库系统管理用户身份鉴别信息应不易被冒用，口令复杂度应满足要求并定期更换。口令长度不得小于 8 位，且为字母、数字或特殊字符的混合组合，用户名和口令不得相同；（**细化**）

c） 应启用登录失败处理功能，可采取结束会话、限制非法登录次数和自动退出等措施；应限制同一用户连续失败登录次数；（**增强**）

d） 当对服务器进行远程管理时，应采取必要措施，防止鉴别信息在网络传输过程中被窃听；

e） 应为操作系统和数据库系统的不同用户分配不同的用户名，确保用户名具有唯一性。

7.1.3.2 访问控制（S2）

本项要求包括：

a） 应启用访问控制功能，依据安全策略控制用户对资源的访问；

b） 应实现操作系统和数据库系统特权用户的权限分离；

c） 应限制默认账户的访问权限，重命名系统默认账户，修改这些账户的默认口令；

d） 应及时删除多余的、过期的账户，避免共享账户的存在。

7.1.3.3 安全审计（G2）

本项要求包括：

a） 审计范围应覆盖到服务器上的每个操作系统用户和数据库用户；系统不支持该要求的，应采用第三方安全审计产品实现审计要求；（**落实**）

b） 审计内容应包括重要用户行为、系统资源的异常使用和重要系统命令的使用等系统重要安全相关事件，至少包括：用户的添加和删除、审计功能的启动和关闭、审计策略的调整、权限变更、系统资源的异常使用、重要的系统操作（如用户登录、退出）等；（**细化**）

c）审计记录应包括事件的日期、时间、类型、主体标识、客体标识和结果等；

d）应保护审计记录，避免受到未预期的删除、修改或覆盖等。

7.1.3.4 入侵防范（G2）

操作系统应遵循最小安装的原则，仅安装必要的组件和应用程序，**并通过设置升级服务器等方式保持系统补丁及时得到更新，补丁安装前应进行安全性和兼容性测试。（增强）**

7.1.3.5 恶意代码防范（G2）

本项要求包括：

a）应在本机安装防恶意代码软件**或独立部署恶意代码防护设备，并及时更新防恶意代码软件版本**和恶意代码库；**（细化）**

b）**应支持防恶意代码的统一管理。**

7.1.3.6 资源控制（A2）

本项要求包括：

a）**应通过设定终端接入方式、网络地址范围等条件限制终端登录；**

b）**应根据安全策略设置登录终端的操作超时锁定；**

c）**应根据需要限制单个用户对系统资源的最大或最小使用限度。（细化）**

7.1.4 应用安全

7.1.4.1 身份鉴别（S2）

本项要求包括：

a）应提供专用的登录控制模块对登录用户进行身份标识和鉴别；

b）**应用系统用户身份鉴别信息应不易被冒用，口令复杂度应满足要求并定期更换。应提供用户身份标识唯一和鉴别信息复杂度检查功能，保证应用系统中不存在重复用户身份标识；用户在第一次登录系统时修改分发的初始口令，口令长度不得小于8位，且为字母、数字或特殊字符的混合组合，用户名和口令不得相同；禁止应用软件明文存储口令；（增强）**

c）应提供登录失败处理功能，可采取结束会话、限制非法登录次数和自动退出等措施；

d）应启用身份鉴别、**用户身份标识唯一性检查、用户身份鉴别信息复杂度检查**以及登录失败处理功能，并根据安全策略配置相关参数。

7.1.4.2　访问控制（S2）

本项要求包括：

a）应提供访问控制功能，依据安全策略控制用户对文件、数据库表等客体的访问；

b）访问控制的覆盖范围应包括与资源访问相关的主体、客体及它们之间的操作；

c）应由授权主体配置访问控制策略，并严格限制默认账户的访问权限；

d）应授予不同账户为完成各自承担任务所需的最小权限，并在它们之间形成相互制约的关系。

7.1.4.3　安全审计（G2）

本项要求包括：

a）应提供覆盖到每个用户的安全审计功能，对应用系统的用户登录、用户退出、增加用户、修改用户权限等重要安全事件进行审计；（细化）

b）应保证无法删除、修改或覆盖审计记录，维护审计活动的完整性；（增强）

c）审计记录的内容至少应包括事件的日期、时间、发起者信息、类型、描述和结果等。

7.1.4.4　通信完整性（S2）

应采用校验码技术保证通信过程中数据的完整性。

7.1.4.5　通信保密性（S2）

本项要求包括：

a）在通信双方建立连接之前，应用系统应利用密码技术进行会话初始化验证；

b）应对通信过程中的用户口令、会话密钥等敏感信息进行加密。（细化）

7.1.4.6　软件容错（A2）

本项要求包括：

a）应提供数据有效性检验功能，保证通过人机接口输入或通过通信接口输入的数据格式或长度符合系统设定要求；

b）在故障发生时，应用系统应能够继续提供部分功能，确保系统能够实施恢复措施。（细化）

7.1.4.7　资源控制（A2）

本项要求包括：

a）当应用系统的通信双方中的一方在一段时间内未作响应，另一方应能够自动结束会话；

b）应能够对应用系统的最大并发会话连接数进行限制；

c）应能够对单个账户的多重并发会话进行限制。

7.1.5 数据安全及备份恢复

7.1.5.1 数据完整性（S2）

应能够检测到**鉴别信息和重要业务数据**在传输过程中完整性受到破坏。

7.1.5.2 数据保密性（S2）

应采用加密或其他保护措施实现鉴别信息的存储保密性。

7.1.5.3 备份和恢复（A2）

本项要求包括：

a）应对重要信息进行备份，**并对备份介质定期进行可用性测试；（增强）**

b）应提供关键网络设备、通信线路和数据处理系统的硬件冗余，保证系统的可用性。

7.2 管理要求

7.2.1 安全管理制度

7.2.1.1 管理制度（G2）

本项要求包括：

a）**应制定信息安全工作的总体方针和安全策略，说明机构安全工作的总体目标、范围、原则和安全框架等；**

b）应对**安全管理活动中重要的**管理内容建立安全管理制度；

c）**应对安全管理人员或操作人员执行的重要管理操作建立操作规程。**

7.2.1.2 制定和发布（G2）

本项要求包括：

a）**应指定或授权专门的部门或人员负责安全管理制度的制定；**

b）**应组织相关人员对制定的安全管理制度进行论证和审定；**

c）应将安全管理制度以某种方式发布到相关人员手中。

7.2.1.3　评审和修订（G2）

定期对安全管理制度进行检查和审定，对存在不足或需要改进的安全管理制度进行修订。发生重大变更时，应及时对制度进行修订。（**增强**）

7.2.2　安全管理机构

7.2.2.1　岗位设置（G2）

本项要求包括：

a）应设立安全主管、安全管理各个方面的负责人岗位，并定义各负责人的职责；

b）应设立系统管理员、网络管理员、安全管理员等岗位，并定义各个工作岗位的职责。

7.2.2.2　人员配备（G2）

本项要求包括：

a）应配备一定数量的系统管理员、网络管理员、安全管理员等；

b）安全管理员不能兼任网络管理员、系统管理员、数据库管理员等。

7.2.2.3　资金保障（G2）

应保障信息系统安全建设、运维、检查、等级保护测评及其他信息安全资金。（**新增**）

7.2.2.4　授权和审批（G2）

本项要求包括：

a）应根据各个部门和岗位的职责明确授权审批部门及批准人，对系统投入运行、网络系统接入和重要资源的访问等关键活动进行审批；

b）应针对关键活动建立审批流程，由批准人签字确认，并存档备查。（增强）

7.2.2.5　沟通和合作（G2）

本项要求包括：

a）应加强各类管理人员之间、组织内部机构之间以及信息安全职能部门内部的合作与沟通；

b）应加强与电力监管机构、公安机关及相关单位和部门的合作与沟通。（增强）

7.2.2.6　审核和检查（G2）

安全管理员应定期安全检查，检查内容包括系统日常运行、系统漏洞和数据备份等情况。

7.2.3 人员安全管理

7.2.3.1 人员录用(G2)

本项要求包括:

a)应指定或授权专门的部门或人员负责人员录用;

b)应规范人员录用过程,对被录用人员的身份、**背景**和专业资格等进行审查,**对其所具有的技术技能进行考核**;

c)应与安全管理员、系统管理员、网络管理员等关键岗位的人员签署保密协议。**(细化)**

7.2.3.2 人员离岗(G2)

本项要求包括:

a)**应规范人员离岗过程,**及时收回离岗员工的所有访问权限;**(增强)**

b)应收回其各种身份证件、钥匙、徽章等以及机构提供的软硬件设备;**(落实)**

c)只有在收回其访问权限和各种证件、设备之后方可办理调离手续。**(细化)**

7.2.3.3 人员考核(G2)

应定期对各个岗位的人员进行安全技能及安全认知的考核。

7.2.3.4 安全意识教育和培训(G2)

本项要求包括:

a)应对各类人员进行安全意识教育、岗位技能培训和**相关安全技术培训**;

b)应告知人员相关的安全责任和惩戒措施,**并对违反违背安全策略和规定的人员进行惩戒**;

c)应按照行业要求,制定安全教育和培训计划,对信息安全基础知识、岗位操作规程等进行的培训应至少每年举办一次。**(增强)**

7.2.3.5 外部人员访问管理(G2)

应确保在外部人员访问受控区域前得到授权或审批,**批准后由专人全程陪同或监督,并登记备案。**

7.2.4 系统建设管理

7.2.4.1 系统定级(G2)

本项要求包括:

a）应明确信息系统的边界和安全保护等级；

b）应以书面的形式说明信息系统确定为某个安全保护等级的方法和理由；

c）信息系统定级结果应通过电力监管机构的审批；**（细化）**

d）对于跨电力（集团）公司联网运行的信息系统，由行业信息安全监管部门统一确定安全保护等级。对于属同一电力（集团）公司，但跨省联网运行的信息系统，由（集团）公司责任部门统一确定安全保护等级。**（新增）**

7.2.4.2　安全方案设计（G2）

本项要求包括：

a）应根据系统的安全保护等级选择基本安全措施，依据风险分析的结果补充和调整安全措施；

b）应以书面形式描述对系统的安全保护要求、策略和措施等内容，形成系统的安全方案；

c）应对安全方案进行细化，形成能指导安全系统建设、安全产品采购和使用的详细设计方案；

d）应组织相关部门和有关安全技术专家对安全设计方案的合理性和正确性进行论证和审定，重大项目应报行业信息安全监管部门进行信息安全专项审查批准。**（落实）**

7.2.4.3　产品采购和使用（G2）

本项要求包括：

a）应确保安全产品采购和使用符合国家的有关规定；

b）应确保密码产品采购和使用符合国家密码主管部门的要求；

c）应指定或授权专门的部门负责产品的采购；

d）电力系统重要设备及专用信息安全产品应通过国家及行业监管部门推荐的专业机构的安全性检测后方可采购使用。**（新增）**

7.2.4.4　自行软件开发（G2）

本项要求包括：

a）应确保开发环境与实际运行环境物理分开；

b）应制定软件开发管理制度，明确说明开发过程的控制方法和人员行为准则；

c）应确保提供软件设计的相关文档**和使用指南**，并由专人负责保管。

7.2.4.5 外包软件开发（G2）

本项要求包括：

a）应根据开发要求检测软件质量；

b）应确保提供软件设计的相关文档和使用指南；

c）应在软件安装之前检测软件包中可能存在的恶意代码；

d）应要求开发单位提供软件源代码，并审查软件中可能存在的后门。

7.2.4.6 工程实施（G2）

本项要求包括：

a）应指定或授权专门的部门或人员负责工程实施过程的管理；

b）应制定详细的工程实施方案，控制工程实施过程。

7.2.4.7 测试验收（G2）

本项要求包括：

a）应委托国家或电力行业认可的测评机构对系统进行安全性测试验收；**（细化）**

b）在测试验收前应根据设计方案或合同要求等制定测试验收方案，在测试验收过程中应详细记录测试验收结果，并形成测试验收报告；

c）应组织相关部门和相关人员对系统测试验收报告进行审定，并签字确认。

7.2.4.8 系统交付（G2）

本项要求包括：

a）应制定系统交付清单，并根据交付清单对所交接的设备、软件和文档等进行清点；

b）应对负责系统运行维护的技术人员每年进行相应的技能培训，对安全教育和培训的情况和结果进行记录并归档保存；**（细化）**

c）应确保提供系统建设过程中的文档和指导用户进行系统运行维护的文档。

7.2.4.9 系统备案（G2）

电力（集团）公司应统一汇总所属单位定级结果，报电力监管机构审批后，到公安机关备案。（新增）

7.2.4.10 安全服务商选择（G2）

本项要求包括：

a） 应选择符合国家及行业有关规定的服务商开展安全服务；（**细化**）

b） 应与选定的安全服务商签订安全协议，明确安全责任；（**细化**）

c） 应与服务商签订安全服务合同，明确技术支持和服务承诺。（**增强**）

7.2.5 系统运维管理

7.2.5.1 环境管理（G2）

本项要求包括：

a） 应指定专门的部门或人员定期对机房供配电、空调、温湿度控制等设施进行维护管理；

b） 应配备机房安全管理人员，对机房的出入、服务器的开机或关机等工作进行管理；（**细化**）

c） 应建立机房安全管理制度，对有关机房物理访问，物品带进、带出机房和机房环境安全等方面的管理作出规定；

d） 应加强对办公环境的保密性管理，包括工作人员调离办公室应立即交还该办公室钥匙和不在办公区接待来访人员等。

7.2.5.2 资产管理（G2）

本项要求包括：

a） 应编制与信息系统相关的资产清单，包括资产责任部门、重要程度和所处位置等内容；

b） 应建立资产安全管理制度，规定信息系统资产管理的责任人员或责任部门，并规范资产管理和使用的行为。

7.2.5.3 介质管理（G2）

本项要求包括：

a） 应确保介质存放在安全的环境中，对各类介质进行控制和保护，**并实行存储环境专人管理**；

b） 应建立移动存储介质安全管理制度，落实移动存储介质管控措施；（**新增**）

c） 应对介质归档和查询等过程进行记录，并根据存档介质的目录清单定期盘点；

d） 应对需要送出维修或销毁的介质，首先清除其中的敏感数据，防止信息的非法

泄露;

e）应根据所承载数据和软件的重要程度对介质进行分类和标识管理。

7.2.5.4 设备管理（G2）

本项要求包括:

a）应对信息系统相关的各种设备（包括备份和冗余设备）、线路等指定专门的部门或人员定期进行维护管理;

b）应建立基于申报、审批和专人负责的设备安全管理制度，对信息系统的各种软硬件设备的选型、采购、发放和领用等过程进行规范化管理;

c）应对终端计算机、工作站、便携机、系统和网络等设备的操作和使用进行规范化管理，按操作规程实现关键设备（包括备份和冗余设备）的启动/停止、加电/断电等操作;

d）应确保信息处理设备必须经过审批才能带离机房或办公地点。

7.2.5.5 网络安全管理（G2）

本项要求包括:

a）应指定人员对网络进行管理，负责运行日志、网络监控记录的日常维护和报警信息分析和处理工作;

b）应建立网络安全管理制度，对网络安全配置、日志保存时间、安全策略、升级与打补丁、口令更新周期等方面作出规定;

c）应根据厂家提供的软件升级版本对网络设备进行更新，并在更新前对现有的重要文件进行备份;

d）应定期对网络系统进行漏洞扫描，对发现的网络系统安全漏洞进行及时的修补;

e）应对网络设备的配置文件进行定期备份;

f）应保证所有与外部系统的连接均得到授权和批准。

7.2.5.6 系统安全管理（G2）

本项要求包括:

a）应根据业务需求和系统安全分析确定系统的访问控制策略;

b）应定期进行漏洞扫描，对发现的系统安全漏洞及时进行修补;

c）应安装系统的最新补丁程序，在安装系统补丁前，应首先在测试环境中测试通

过，并对重要文件进行备份后，方可实施系统补丁程序的安装；

d）应建立系统安全管理制度，对系统安全策略、安全配置、日志管理和日常操作流程等方面作出规定；

e）应依据操作手册对系统进行维护，详细记录操作日志，包括重要的日常操作、运行维护记录、参数的设置和修改等内容，严禁进行未经授权的操作；

f）应定期对运行日志和审计数据进行分析，以便及时发现异常行为。

7.2.5.7 恶意代码防范管理（G2）

本项要求包括：

a）应提高所有用户的防病毒意识，告知及时升级防病毒软件，在读取移动存储设备上的数据以及网络上接收文件或邮件之前，先进行病毒检查，对外来计算机或存储设备接入网络系统之前也应进行病毒检查；

b）应指定专人对网络和主机进行恶意代码检测并保存检测记录；

c）应对防恶意代码软件的授权使用、恶意代码库升级、定期汇报等作出明确规定。

7.2.5.8 密码管理（G2）

应使用符合国家密码管理规定的密码技术和产品。

7.2.5.9 变更管理（G2）

本项要求包括：

a）应确认系统中要发生的重要变更，并制定相应的变更方案；

b）系统发生重要变更前，应向主管领导申请，审批后方可实施变更，并在实施后向相关人员通告。

7.2.5.10 备份与恢复管理（G2）

本项要求包括：

a）应识别需要定期备份的重要业务信息、系统数据及软件系统等；

b）应规定备份信息的备份方式、备份频度、存储介质、保存期等；

c）应根据数据的重要性及其对系统运行的影响，制定数据的备份策略和恢复策略，备份策略指明备份数据的放置场所、文件命名规则、介质替换频率和数据离站运输方法。

7.2.5.11 安全事件处置（G2）

本项要求包括：

a）应报告所发现的安全弱点和可疑事件，但任何情况下用户均不应尝试验证弱点；

b）应制定安全事件报告和处置管理制度，明确安全事件类型，规定安全事件的现场处理、事件报告和后期恢复的管理职责；

c）应根据国家相关管理部门对计算机安全事件等级划分方法和安全事件对本系统产生的影响，对本系统计算机安全事件进行等级划分；

d）应记录并保存所有报告的安全弱点和可疑事件，分析事件原因，监督事态发展，采取措施避免安全事件发生。

7.2.5.12 应急预案管理（G2）

本项要求包括：

a）应在统一的应急预案框架下制定不同事件的应急预案，应急预案框架应包括启动应急预案的条件、应急处理流程、系统恢复流程、事后教育和培训等内容；

b）应对安全管理员、系统管理员、网络管理员等相关的人员进行应急预案培训，应急预案的培训应至少每年举办一次。（细化）

8 第三级基本要求

8.1 技术要求

8.1.1 物理安全

8.1.1.1 物理位置的选择（G3）

本项要求包括：

a）机房和办公场地应选择在具有防震、防风和防雨等能力的建筑内；

b）机房场地应避免设在建筑物的高层或地下室，以及用水设备的下层或隔壁，如果不可避免，应采取有效防水等措施。（落实）

8.1.1.2 物理访问控制（G3）

本项要求包括：

a）机房各出入口应安排专人值守或配置电子门禁系统，控制、鉴别和记录进出的人员；**（增强）**

b）进入机房的来访人员应经过申请和审批流程，并限制和监控其活动范围；

c）应对机房划分区域进行管理，区域和区域之间应用物理方式隔断，在重要区域

前设置交付或安装等过渡区域；（**增强**）

d）重要区域应配置电子门禁系统，控制、鉴别和记录进出的人员。（**增强**）

8.1.1.3　防盗窃和防破坏（G3）

本项要求包括：

a）应将主要设备放置在机房内；

b）应将设备或主要部件进行固定，并设置明显的不易除去的标记；

c）应将通信线缆铺设在隐蔽处，可铺设在地下或管道中；

d）应对介质分类标识，存储在介质库或档案室中；

e）应利用光、电等技术设置机房防盗报警系统；

f）应对机房设置监控报警系统。

8.1.1.4　防雷击（G3）

本项要求包括：

a）机房建筑应设置避雷装置；

b）应设置防雷保安器，防止感应雷；

c）机房应设置交流电源地线。

8.1.1.5　防火（G3）

本项要求包括：

a）机房应设置火灾自动消防系统，能够自动检测火情、自动报警，并具有自动灭火功能；（**落实**）

b）机房及相关的工作房间和辅助房应采用具有耐火等级的建筑材料；

c）机房应采取区域隔离防火措施，将重要设备与其他设备隔离开。

8.1.1.6　防水和防潮（G3）

本项要求包括：

a）与主机房无关的给排水管道不得穿过主机房，与主机房相关的给排水管道必须有可靠的防渗漏措施；（**落实**）

b）应采取措施防止雨水通过机房窗户、屋顶和墙壁渗透；

c）应采取措施防止机房内水蒸气结露和地下积水的转移与渗透；

d) 应安装对水敏感的检测仪表或元件,对机房进行防水检测和报警。

8.1.1.7 防静电 (G3)

本项要求包括:

a) **主要设备**采用必要的接地防静电措施;

b) **机房应采用防静电地板**。

8.1.1.8 温湿度控制 (G3)

机房应设置温、湿度自动调节设施,使机房温、湿度的变化在设备运行所允许的范围之内。

8.1.1.9 电力供应 (A3)

本项要求包括:

a) 应在机房供电线路上配置稳压器和过电压防护设备;

b) 应提供短期的备用电力供应,至少满足**主要设备**在断电情况下的正常运行要求;

c) **设置冗余或并行的电力电缆线路为计算机系统供电,输入电源应采用双路自动切换供电方式;(增强)**

d) **应建立备用供电系统**。

8.1.1.10 电磁防护 (S3)

本项要求包括:

a) **电源线和通信线缆应隔离铺设,避免互相干扰;**

b) **应采用接地方式防止外界电磁干扰和设备寄生耦合干扰;**

c) **应对关键设备和磁介质实施电磁屏蔽。**

8.1.2 网络安全

8.1.2.1 结构安全 (G3)

本项要求包括:

a) 管理信息大区网络与生产控制大区网络应物理隔离;两网之间有信息交换时应部署符合电力系统安全防护要求的单向隔离装置;**(新增)**

b) 管理信息大区网络可进一步划分为内部网络和外部网络,两网之间有信息交换时边界防护强度应强于逻辑隔离;**(新增)**

c) 电力(集团)公司应逐步统一互联网出口;**(新增)**

d）单个系统可单独划分安全域，系统可由独立子网承载，每个域的网络出口应唯一；**（新增）**

e）应保证**主要网络设备**的业务处理能力具备冗余空间，满足业务高峰期需要；

f）应保证**网络各个部分**的带宽满足业务高峰期需要；

g）应在业务终端与业务服务器之间进行路由控制建立安全的访问路径；

h）应绘制与当前运行情况相符的网络拓扑结构图，主要包括设备名称、型号、IP地址等信息，并提供网段划分、路由、安全策略等配置信息；**（增强）**

i）应根据各部门的工作职能、重要性和所涉及信息的重要程度等因素，划分不同的子网或网段，并按照方便管理和控制的原则为各子网、网段分配地址段；

j）在业务高峰时段，现有宽带不能满足要求时，应按照对业务服务的重要次序来制定带宽分配优先级，优先保障重要业务服务的带宽；**（落实）**

k）采用冗余技术设计网络拓扑结构，提供主要网络设备、通信线路的硬件冗余，避免关键节点存在单点故障；**（增强）**

l）在进行内外网隔离的情况下，应将应用系统部署在内网，如有外网交互功能的应用系统，可将前端部署在外网，数据库部分可部署在内网。**（新增）**

8.1.2.2　访问控制（G3）

本项要求包括：

a）应在网络边界部署访问控制设备，启用访问控制功能；

b）应能根据会话状态信息为数据流提供明确的允许/拒绝访问的能力，控制粒度为端口级；

c）应按用户和系统之间的允许访问规则，决定允许或拒绝用户对受控系统进行资源访问，控制粒度为单个用户。以拨号或 VPN 等方式接入网络的，**应采用两种或两种以上的认证方式，**并对用户访问权限进行严格限制；**（增强）**

d）应限制具有拨号、VPN 等访问权限的用户数量；**（增强）**

e）应对进出网络的信息内容进行过滤，实现对应用层 HTTP、FTP、TELNET、SMTP、POP3 等协议命令级的控制；

f）应在会话处于非活跃一定时间或会话结束后终止网络连接；

g）在互联网出口和核心网络接口处应限制网络最大流量数及网络连接数；**（细化）**

h） 重要网段应采取技术手段防止地址欺骗。

8.1.2.3　安全审计（G3）

本项要求包括：

a） 应对网络系统中的网络设备运行状况、网络流量、用户行为等进行日志记录；

b） 审计记录应包括：事件的日期和时间、用户、事件类型、事件是否成功及其他与审计相关的信息；

c） 应能够根据记录数据进行分析，并生成审计报表，网络设备不支持的应采用第三方工具生成审计报表；（**落实**）

d） 应对审计记录进行保护，避免受到未预期的删除、修改或覆盖等。

8.1.2.4　边界完整性检查（S3）

本项要求包括：

a） 应能够对非授权设备私自连接到内部网络的行为进行检查，准确定出位置，并对其进行有效阻断；

b） 应能够对内部网络用户私自连接到外部网络的行为进行检查，**准确定出位置，并对其进行有效阻断**；

c） 应逐步采用网络准入、终端控制、身份认证、可信计算等技术手段，维护网络边界完整性。（**新增**）

8.1.2.5　入侵防范（G3）

本项要求包括：

a） 应在网络边界处监视以下攻击行为：端口扫描、强力攻击、木马后门攻击、拒绝服务攻击、缓冲区溢出攻击、IP 碎片攻击和网络蠕虫攻击等；

b） 当检测到攻击行为时，记录攻击源 IP、攻击类型、攻击目的、攻击时间，在发生严重入侵事件时应提供报警。

8.1.2.6　恶意代码防范（G3）

本项要求包括：

a） 应在网络边界处对恶意代码进行检测和清除；

b） 应维护恶意代码库的升级和检测系统的更新。

8.1.2.7　网络设备防护（G3）

本项要求包括：

a）应对登录网络设备的用户进行身份鉴别；

b）应对网络设备的管理员登录地址进行限制；

c）网络设备标识应唯一，同一网络设备的用户标识应唯一，禁止多人共用一个账号；（**增强**）

d）身份鉴别信息应不易被冒用，口令复杂度应满足要求并定期更换；应修改默认用户和口令，不得使用默认口令；口令长度不得小于 8 位，且为字母、数字或特殊字符的混合组合，用户名和口令不得相同；禁止明文存储口令；（**增强**）

e）**主要网络设备应对同一用户选择两种或两种以上组合的鉴别技术来进行身份鉴别；**

f）应具有登录失败处理功能，可采取结束会话、限制非法登录次数和当网络登录连接超时自动退出等措施；

g）当对网络设备进行远程管理时，应采取必要措施防止鉴别信息在网络传输过程中被窃听；

h）**应实现设备特权用户的权限分离，系统不支持的应部署日志服务器保证管理员的操作能够被审计，并且网络特权用户管理员无权对审计记录进行操作；**（**细化**）

i）应关闭不需要的网络端口，关闭不需要的网络服务。如需使用 SNMP 服务，应采用安全性增强版本；并应设定复杂的 Community 控制字段，禁止使用 Public、Private 等默认字段。（**新增**）

8.1.3 主机安全

8.1.3.1 身份鉴别（S3）

本项要求包括：

a）应登录操作系统的用户进行身份标识和鉴别；

b）操作系统和数据库系统管理用户身份鉴别信息应不易被冒用，口令复杂度应满足要求并定期更换。口令长度不得小于 8 位，且为字母、数字或特殊字符的混合组合，用户名和口令不得相同；（**细化**）

c）应启用登录失败处理功能，可采取结束会话、限制非法登录次数和自动退出等措施；应限制同一用户连续失败登录次数；（**增强**）

d）当对服务器进行远程管理时，采取必要措施，防止鉴别信息在网络传输过程中被窃听；

e）应为操作系统和数据库系统的不同用户分配不同的用户名，确保用户名具有唯一性；

f）应采用两种或两种以上组合的鉴别技术对管理用户进行身份鉴别。

8.1.3.2 访问控制（S3）

本项要求包括：

a）应启用访问控制功能，依据安全策略控制用户对资源的访问；

b）应根据管理用户的角色分配权限，实现管理用户的权限分离，仅授予管理用户所需的最小权限；

c）应实现操作系统和数据库系统特权用户的权限分离；

d）应限制默认账户的访问权限，重命名系统默认账户，修改这些账户的默认口令；

e）应及时删除多余的、过期的账户，避免共享账户的存在；

f）应对重要信息资源设置敏感标记，主机不支持敏感标记的，应在系统级生成敏感标记，使系统整体支持强制访问控制机制；（落实）

g）应依据安全策略严格控制用户对有敏感标记重要信息资源的操作。

8.1.3.3 安全审计（G3）

本项要求包括：

a）审计范围应覆盖服务器和重要客户端上的每个操作系统用户和数据库用户；系统不支持该要求的，应采用第三方安全审计产品实现审计要求；**（落实）**

b）审计内容应包括重要用户行为、系统资源的异常使用和重要系统命令的使用等系统重要安全相关事件，至少包括：用户的添加和删除、审计功能的启动和关闭、审计策略的调整、权限变更、系统资源的异常使用、重要的系统操作（如用户登录、退出）等；**（细化）**

c）审计记录应包括事件的日期、时间、类型、主体标识、客体标识和结果等；

d）应保护审计记录，避免受到未预期的删除、修改或覆盖等；

e）应能够通过操作系统自身功能或第三方工具根据记录数据进行分析，并生成审计报表；（细化）

f）应保护审计进程，避免受到未预期的中断。

8.1.3.4 剩余信息保护（S3）

本项要求包括：

a） 应保证操作系统和数据库系统用户的鉴别信息所在的存储空间，被释放或再分配给其他用户前得到完全清除，无论这些信息是存放在硬盘上还是在内存中；

b） 应确保系统内的文件、目录和数据库记录等资源所在的存储空间，被释放或重新分配给其他用户前得到完全清除。

8.1.3.5　入侵防范（G3）

本项要求包括：

a） 操作系统应遵循最小安装的原则，仅安装必要的组件和应用程序，并通过设置升级服务器等方式保持系统补丁得到及时更新，补丁安装前应进行安全性和兼容性测试；**（增强）**

b） 应能够检测到对重要服务器进行入侵的行为，能够记录入侵的源 IP、攻击的类型、攻击的目的、攻击的时间，并在发生严重入侵事件时提供报警；

c） 应能够对重要程序的完整性进行检测，并具有完整性恢复的能力。**（增强）**

8.1.3.6　恶意代码防范（G3）

本项要求包括：

a） 应在本机安装防恶意代码软件或独立部署恶意代码防护设备，并及时更新防恶意代码软件版本和恶意代码库；**（细化）**

b） 应支持防恶意代码的统一管理；

c） 主机防恶意代码产品应具有与网络防恶意代码产品不同的恶意代码库。

8.1.3.7　资源控制（A3）

本项要求包括：

a） 应通过设定终端接入方式、网络地址范围等条件限制终端登录；

b） 应根据安全策略设置登录终端的操作超时锁定；

c） 应根据需要限制单个用户对系统资源的最大或最小使用限度；**（细化）**

d） 应对重要服务器进行监视，包括监视服务器的 CPU、硬盘、内存、网络等资源的使用情况；

e） 应能够对系统的服务水平降低到预先规定的最小值进行检测和报警。

8.1.4　应用安全

8.1.4.1　身份鉴别（S3）

本项要求包括：

a）应提供专用的登录控制模块对登录用户进行身份标识和鉴别；

b）应用系统用户身份鉴别信息应不易被冒用，口令复杂度应满足要求并定期更换。应提供用户身份标识唯一和鉴别信息复杂度检查功能，保证应用系统中不存在重复用户身份标识；用户在第一次登录系统时修改分发的初始口令，口令长度不得小于 8 位，且为字母、数字或特殊字符的混合组合，用户名和口令不得相同；禁止应用软件明文存储口令；（**增强**）

c）应对同一用户采用两种或两种以上组合的鉴别技术实现用户身份鉴别；

d）应提供登录失败处理功能，可采取结束会话、限制非法登录次数和自动退出等措施；

e）应启用身份鉴别、用户身份标识唯一性检查、用户身份鉴别信息复杂度检查以及登录失败处理功能，并根据安全策略配置相关参数。

8.1.4.2　访问控制（S3）

本项要求包括：

a）应提供访问控制功能，依据安全策略控制用户对文件、数据库表等客体的访问；

b）访问控制的覆盖范围应包括与资源访问相关的主体、客体及它们之间的操作；

c）应由授权主体配置访问控制策略，并严格限制默认账户的访问权限；

d）应授予不同账户为完成各自承担任务所需的最小权限，并在它们之间形成相互制约的关系；

e）应对重要信息资源设置敏感标记，应用不支持敏感标记的，应在系统级生成敏感标记，使系统整体支持强制访问控制机制；（落实）

f）应依据安全策略严格控制用户对有敏感标记重要信息资源的操作。

8.1.4.3　安全审计（G3）

本项要求包括：

a）应提供覆盖每个用户的安全审计功能，对应用系统的用户登录、用户退出、增加用户、修改用户权限等重要安全事件进行审计；（**细化**）

b）应保证无法删除、修改或覆盖审计记录，维护审计活动的完整性；（**增强**）

c）审计记录的内容至少应包括事件的日期、时间、发起者信息、类型、描述和结果等；

d）应提供对审计记录数据进行统计、查询、分析及生成审计报表的功能。

8.1.4.4 剩余信息保护（S3）

本项要求包括：

a）应保证用户鉴别信息所在的存储空间被释放或再分配给其他用户前得到完全清除，无论这些信息是存放在硬盘上还是在内存中；

b）应保证系统内的文件、目录和数据库记录等资源所在的存储空间被释放或重新分配给其他用户前得到完全清除。

8.1.4.5 通信完整性（S3）

应采用**密码技术**保证通信过程中数据的完整性。

8.1.4.6 通信保密性（S3）

本项要求包括：

a）在通信双方建立连接之前，应用系统应利用密码技术进行会话初始化验证；

b）应对通信过程中的整个报文或会话过程进行加密。

8.1.4.7 抗抵赖（G3）

本项要求包括：

a）应具有在请求的情况下为数据原发者或接收者提供数据原发证据的功能；

b）应具有在请求的情况下为数据原发者或接收者提供数据接收证据的功能。

8.1.4.8 软件容错（A3）

本项要求包括：

a）应提供数据有效性检验功能，保证通过人机接口输入或通过通信接口输入的数据格式或长度符合系统设定要求；

b）应提供自动保护功能，当故障发生时自动保护当前所有状态，保证系统能够进行恢复。

8.1.4.9 资源控制（A3）

本项要求包括：

a）当应用系统的通信双方中的一方在一段时间内未作响应，另一方应能够自动结束会话；

b）应能够对系统的最大并发会话连接数进行限制；

c）应能够对单个账户的多重并发会话进行限制；

d）应能够对一个时间段内可能的并发会话连接数进行限制；

e）应能够对一个访问账户或一个请求进程占用的资源分配最大限额和最小限额；

f）应能够对系统服务水平降低到预先规定的最小值进行检测和报警；

g）应提供服务优先级设定功能，并在安装后根据安全策略设定访问账户或请求进程的优先级，根据优先级分配系统资源。

8.1.5 数据安全及备份恢复

8.1.5.1 数据完整性（S3）

本项要求包括：

a）应能够检测到**系统管理数据**、鉴别信息和重要业务数据在传输过程中完整性受到破坏，并在检测到完整性错误时采取必要的恢复措施；

b）应能够检测到系统管理数据、鉴别信息和重要业务数据在存储过程中完整性受到破坏，并在检测到完整性错误时采取必要的恢复措施。

8.1.5.2 数据保密性（S3）

本项要求包括：

a）应采用加密或其他有效措施实现系统管理数据、鉴别信息和重要业务数据传输保密性；

b）应采用加密或其他保护措施实现**系统管理数据**、鉴别信息和**重要业务数据**存储保密性。

8.1.5.3 备份和恢复（A3）

本项要求包括：

a）应提供数据本地备份与恢复功能，对重要信息进行备份，数据备份至少每天一次，已有数据备份可完全恢复至备份执行时状态，备份介质场外存放；**（增强）**

b）应提供异地数据备份功能，利用通信网络将关键数据定时批量传送至备用场地；

c）应提供主要网络设备、通信线路和数据处理系统的硬件冗余，保证系统的高可用性。

8.2 管理要求

8.2.1 安全管理制度

8.2.1.1 管理制度（G3）

本项要求包括：

a） 应制定信息安全工作的总体方针和安全策略，说明机构安全工作的总体目标、范围、原则和安全框架等；

b） 应对安全管理活动中的**各类管理内容**建立安全管理制度；

c） 应对要求管理人员或操作人员执行的**日常管理操作**建立操作规程；

d） 应形成由安全策略、管理制度、操作规程等构成的全面的信息安全管理制度体系。

8.2.1.2 制定和发布（G3）

本项要求包括：

a） 应指定或授权专门的部门或人员负责安全管理制度的制定；

b） 安全管理制度应具有统一的格式，并进行版本控制；

c） 应组织相关人员对制定的安全管理制度进行论证和审定；

d） 安全管理制度应通过正式、有效的方式发布；

e） 安全管理制度应注明发布范围，并对收发文进行登记。

8.2.1.3 评审和修订（G3）

a） 信息安全领导小组应负责定期组织相关部门和相关人员对安全管理制度体系的合理性和适用性进行审定；

b） 应定期对安全管理制度进行检查和审定，对存在不足或需要改进的安全管理制度进行修订。发生重大变更时，应及时对制度进行修订。

8.2.2 安全管理机构

8.2.2.1 岗位设置（G3）

本项要求包括：

a） 应**设立信息安全管理工作的职能部门**，设立安全主管、安全管理各个方面的负责人岗位，并定义各负责人的职责；

b） 应设立系统管理员、网络管理员、安全管理员等岗位，并定义各个工作岗位的职责；

c） 应成立指导和管理信息安全工作的委员会或领导小组，电力企业主要负责人是本单位信息安全的第一责任人，对本单位的网络与信息安全负全面责任；**（增强）**

d） 应制定文件明确安全管理机构各个部门和岗位的职责、分工和技能要求。

8.2.2.2 人员配备（G3）

本项要求包括：

a）应配备一定数量的系统管理员、网络管理员、安全管理员等；

b）**每个电力企业应配备专职安全管理员，不可兼任；（落实）**

c）**关键事务岗位应配备多人共同管理。**

8.2.2.3 资金保障（G3）

应保障信息系统安全建设、运维、检查、等级保护测评及其他信息安全资金。**（新增）**

8.2.2.4 授权和审批（G3）

本项要求包括：

a）应根据各个部门和岗位的职责明确**授权审批事项**、审批部门和批准人等；

b）**应针对系统变更、重要操作、物理访问和系统接入等事项建立审批程序，按照审批程序执行审批过程，对重要活动建立逐级审批制度；**

c）**应定期审查审批事项，及时更新需授权和审批的项目、审批部门和审批人等信息；**

d）应针对关键活动建立审批流程，并由批准人签字确认，存档备查。**（落实）**

8.2.2.5 沟通和合作（G3）

本项要求包括：

a）应加强各类管理人员之间、组织内部机构之间以及信息安全职能部门内部的合作与沟通，**定期或不定期召开协调会议，共同协作处理信息安全问题；**

b）应加强与电力监管机构、公安机关及相关单位和部门的合作与沟通；**（增强）**

c）应加强与供应商、业界专家、专业的安全公司、安全组织的合作与沟通；

d）**应建立外联单位联系列表，包括外联单位名称、合作内容、联系人和联系方式等信息；**

e）**应聘请信息安全专家作为常年的安全顾问，指导信息安全建设，参与安全规划和安全评审等。**

8.2.2.6 审核和检查（G3）

本项要求包括：

a）安全管理员应负责定期进行安全检查，检查内容包括系统日常运行、系统漏洞和数据备份等情况；

b）应由内部人员或上级单位定期进行全面安全检查，检查内容包括现有安全技术措施的有效性、安全配置与安全策略的一致性、安全管理制度的执行情况等；

c）应制定安全检查表格实施安全检查，汇总安全检查数据，形成安全检查报告，并对安全检查结果进行通报；

d）应制定安全审核和安全检查制度规范安全审核和安全检查工作，定期按照程序进行安全审核和安全检查活动。

8.2.3 人员安全管理

8.2.3.1 人员录用（G3）

本项要求包括：

a）应指定或授权专门的部门或人员负责人员录用；

b）应**严格**规范人员录用过程，对被录用人的身份、背景、专业资格和**资质**等进行审查，对其所具有的技术技能进行考核；

c）应与安全管理员、系统管理员、网络管理员等关键岗位的人员签署保密协议；（细化）

d）应与安全管理员、系统管理员、网络管理员等关键岗位的人员签署岗位安全协议。（细化）

8.2.3.2 人员离岗（G3）

本项要求包括：

a）应**严格**规范人员离岗过程，及时收回离岗员工的所有访问权限；**（细化）**

b）应收回其各种身份证件、钥匙、徽章等以及机构提供的软硬件设备；

c）只有在收回其访问权限和各种证件、设备之后方可办理调离手续，关键岗位人员离岗须承诺调离后的保密义务后方可离开。（细化）

8.2.3.3 人员考核（G3）

本项要求包括：

a）应定期对各个岗位的人员进行安全技能及安全认知的考核；

b）应对安全管理员、系统管理员、网络管理员、信息安全主管或专责等关键岗位的人员进行全面、严格的安全审查和技能考核；（细化）

c）应对考核结果进行记录并保存。

8.2.3.4　安全意识教育和培训（G3）

本项要求包括：

a）应对各类人员进行安全意识教育、岗位技能培训和相关安全技术培训；

b）应对安全责任和惩戒措施进行书面规定并告知相关人员，对违反违背安全策略和规定的人员进行惩戒；

c）应按照行业要求，对定期安全教育和培训进行书面规定，针对不同岗位制定不同的培训计划，对信息安全基础知识、岗位操作规程等进行的培训应至少每年举办一次；（**增强**）

d）应对安全教育和培训的情况和结果进行记录并归档保存。

8.2.3.5　外部人员访问管理（G3）

本项要求包括：

a）应确保在外部人员访问受控区域前先提出书面申请，批准后由专人全程陪同或监督，并登记备案；

b）对外部人员允许访问的区域、系统、设备、信息等内容应进行书面的规定，并按照规定执行。

8.2.4　系统建设管理

8.2.4.1　系统定级（G3）

本项要求包括：

a）应明确信息系统的边界和安全保护等级；

b）应以书面的形式说明确定信息系统为某个安全保护等级的方法和理由；

c）信息系统定级结果应通过电力监管机构的审批；（细化）

d）对于跨电力（集团）公司联网运行的信息系统，由行业信息安全监管部门统一确定安全保护等级。对于属同一电力（集团）公司，但跨省联网运行的信息系统，由（集团）公司责任部门统一确定安全保护等级。（细化）

8.2.4.2　安全方案设计（G3）

本项要求包括：

a）应根据系统的安全保护等级选择基本安全措施，并依据风险分析的结果补充和调整安全措施；

b）应指定和授权专门的部门对信息系统的安全建设进行总体规划，制定近期和远期的安全建设工作计划；

c）应根据信息系统的等级划分情况，统一考虑安全保障体系的总体安全策略、安全技术框架、安全管理策略、总体建设规划和详细设计方案，并形成配套文件；

d）应组织相关部门和有关安全技术专家对**总体安全策略、安全技术框架、安全管理策略、总体建设规划、详细设计方案等相关配套文件**的合理性和正确性进行论证和审定，重大项目应报行业信息安全监管部门进行信息安全专项审查批准；**（落实）**

e）应根据等级测评、安全评估的结果每年定期调整和修订总体安全策略、安全技术框架、安全管理策略、总体建设规划、详细设计方案等相关配套文件。

8.2.4.3 产品采购和使用（G3）

本项要求包括：

a）应确保安全产品采购和使用符合国家的有关规定；

b）应确保密码产品采购和使用符合国家密码主管部门的要求；

c）应指定或授权专门的部门负责产品的采购；

d）**应预先对产品进行选型测试，确定产品的候选范围，并定期审定和更新候选产品名单；**

e）电力系统重要设备及专用信息安全产品应通过国家及行业监管部门推荐的专业机构的安全性检测后方可采购使用。**（新增）**

8.2.4.4 自行软件开发（G3）

本项要求包括：

a）应确保开发环境与实际运行环境物理分开，**开发人员和测试人员分离，测试数据和测试结果受到控制；**

b）应制定软件开发管理制度，明确说明开发过程的控制方法和人员行为准则；

c）**应制定代码编写安全规范，要求开发人员参照规范编写代码；**

d）应确保提供软件设计的相关文档和使用指南，并由专人负责保管；

e）**应确保对程序资源库的修改、更新、发布进行授权和批准。**

8.2.4.5 外包软件开发（G3）

本项要求包括：

a)应根据开发要求检测软件质量;

b)应在软件安装之前检测软件包中可能存在的恶意代码;

c)应要求开发单位提供软件设计的相关文档和使用指南;

d)应要求开发单位提供软件源代码,并审查软件中可能存在的后门。

8.2.4.6 工程实施(G3)

本项要求包括:

a)应指定或授权专门的部门或人员负责工程实施过程的管理;

b)应制定详细的工程实施方案控制实施过程,**并要求工程实施单位能正式地执行安全工程过程**;

c)**应制定工程实施方面的管理制度,明确说明实施过程的控制方法和人员行为准则。**

8.2.4.7 测试验收(G3)

本项要求包括:

a)应委托国家或电力行业认可的测评机构对系统进行安全性测试验收;(**细化**)

b)在测试验收前应根据设计方案或合同要求等制定测试验收方案,在测试验收过程中应详细记录测试验收结果,并形成测试验收报告;

c)**应对系统测试验收的控制方法和人员行为准则进行书面规定;**

d)**应指定或授权专门的部门负责系统测试验收的管理,并按照管理规定的要求完成系统测试验收工作;**

e)应组织相关部门和相关人员对系统测试验收报告进行审定,并签字确认。

8.2.4.8 系统交付(G3)

本项要求包括:

a)应制定**详细的**系统交付清单,并根据交付清单对所交接的设备、软件和文档等进行清点;

b)应对负责系统运行维护的技术人员每年进行相应的技能培训,对安全教育和培训的情况和结果进行记录并归档保存;(**细化**)

c)应确保提供系统建设过程中的文档和指导用户进行系统运行维护的文档;

d)**应对系统交付的控制方法和人员行为准则进行书面规定;**

e）应指定或授权专门的部门负责系统交付的管理工作，并按照管理规定的要求完成系统交付工作。

8.2.4.9　系统备案（G3）

本项要求包括：

a）应指定专门的部门或人员负责管理系统定级的相关材料，并控制这些材料的使用；

b）电力（集团）公司应统一汇总所属单位定级结果，报电力监管机构审批备案；（**细化**）

c）应将经电力监管机构审批的系统等级及其他要求的备案材料报相应公安机关备案。（**细化**）

8.2.4.10　等级测评（G3）

本项要求包括：

a）在系统运行过程中，应至少每年对系统进行一次等级测评，发现不符合相应等级保护标准要求的及时整改；

b）应在系统发生变更时及时对系统进行等级测评，发现级别发生变化的及时调整级别并进行安全改造，发现不符合相应等级保护标准要求的及时整改；

c）系统运营使用单位应选择具有行业监管部门推荐的具有电力行业信息安全等级测评资格的机构承担本单位信息系统的测评工作；（**增强**）

d）应指定或授权专门的部门或人员负责等级测评的管理。

8.2.4.11　安全服务商选择（G3）

本项要求包括：

a）应选择符合国家及行业有关规定的服务商开展安全服务；（**细化**）

b）应与选定的安全服务商签订安全协议，明确安全责任；（**细化**）

c）应与服务商签订安全服务合同，明确技术支持和服务承诺。（**增强**）

8.2.5　系统运维管理

8.2.5.1　环境管理（G3）

本项要求包括：

a）应指定专门的部门或人员定期对机房供配电、空调、温湿度控制等设施进行维护管理；

b）应指定部门负责机房安全，并配备机房安全管理人员，对机房的出入、服务器的开机或关机等工作进行管理；

c）应建立机房安全管理制度，对有关机房物理访问，物品带进、带出机房和机房环境安全等方面的管理作出规定；

d）应加强对办公环境的保密性管理，规范办公环境人员行为，包括工作人员调离办公室应立即交还该办公室钥匙、不在办公区接待来访人员、**工作人员离开座位应确保终端计算机退出登录状态和桌面上没有包含敏感信息的纸档文件等。**

8.2.5.2 资产管理（G3）

本项要求包括：

a）应编制并保存与信息系统相关的资产清单，包括资产责任部门、重要程度和所处位置等内容；

b）应建立资产安全管理制度，规定信息系统资产管理的责任人员或责任部门，并规范资产管理和使用的行为；

c）应根据资产的重要程度对资产进行标识管理，根据资产的价值选择相应的管理措施；

d）应对信息分类与标识方法作出规定，并对信息的使用、传输和存储等进行规范化管理。

8.2.5.3 介质管理（G3）

本项要求包括：

a）应建立介质安全管理制度，对介质的存放环境、使用、维护和销毁等方面作出规定；

b）应建立移动存储介质安全管理制度，落实移动存储介质管控措施；**（新增）**

c）应确保介质存放在安全的环境中，对各类介质进行控制和保护，并实行存储环境专人管理；

d）应对介质在物理传输过程中的人员选择、打包、交付等情况进行控制，对介质归档和查询等进行登记记录，并根据存档介质的目录清单定期盘点；

e）应对存储介质的使用过程、送出维修以及销毁等进行严格的管理，对带出工作环境的存储介质进行内容加密和监控管理，对送出维修或销毁的介质应首先清除介质中的敏感数据，对保密性较高的存储介质未经批准不得自行销毁；

f） 应根据数据备份的需要对某些介质实行异地存储，存储地的环境要求和管理方法应与本地相同；

g） 对重要数据和软件采用加密介质存储，并根据所承载数据和软件的重要程度对介质进行分类和标识管理。（**增强**）

8.2.5.4 设备管理（G3）

本项要求包括：

a） 应对信息系统相关的各种设备（包括备份和冗余设备）、线路等指定专门的部门或人员定期进行维护管理，每年至少维护一次；

b） 应建立基于申报、审批和专人负责的设备安全管理制度，对信息系统的各种软硬件设备的选型、采购、发放和领用等过程进行规范化管理；

c） 应建立配套设施、软硬件维护方面的管理制度，对其维护进行有效的管理，包括明确维护人员的责任、涉外维修和服务的审批、维修过程的监督控制等；

d） 应对终端计算机、工作站、便携机、系统和网络等设备的操作和使用进行规范化管理，按操作规程实现主要设备（包括备份和冗余设备）的启动/停止、加电/断电等操作；

e） 应确保信息处理设备必须经过审批才能带离机房或办公地点。

8.2.5.5 监控管理和安全管理中心（G3）

本项要求包括：

a） 应对通信线路、主机、网络设备和应用软件的运行状况、网络流量、用户行为等进行监测和报警，形成记录并妥善保存；

b） 应组织相关人员定期对监测和报警记录进行分析、评审，发现可疑行为，形成分析报告，并采取必要的应对措施；

c） 应建立安全管理中心，对设备状态、恶意代码、补丁升级、安全审计等安全相关事项进行集中管理。

8.2.5.6 网络安全管理（G3）

本项要求包括：

a） 应指定专人对网络进行管理，负责运行日志、网络监控记录的日常维护和报警信息分析和处理工作；

b） 应建立网络安全管理制度，对网络安全配置、日志保存时间、安全策略、升级

与打补丁、口令更新周期等方面作出规定;

c)应根据厂家提供的软件升级版本对网络设备进行更新,并在更新前对现有的重要文件进行备份;

d)应定期对网络系统进行漏洞扫描,对发现的网络系统安全漏洞进行及时的修补;

e)**应实现设备的最小服务配置,并对配置文件进行定期离线备份;**

f)应保证所有与外部系统的连接均得到授权和批准;

g)**应依据安全策略允许或者拒绝便携式和移动式设备的网络接入;**

h)**应定期检查违反规定拨号上网或其他违反网络安全策略的行为。**

8.2.5.7　系统安全管理(G3)

本项要求包括:

a)应根据业务需求和系统安全分析确定系统的访问控制策略;

b)应定期进行漏洞扫描,对发现的系统安全漏洞及时进行修补;

c)应安装系统的最新补丁程序,在安装系统补丁前,首先在测试环境中测试通过,并对重要文件进行备份后,方可实施系统补丁程序的安装;

d)应建立系统安全管理制度,对系统安全策略、安全配置、日志管理和日常操作流程等方面作出具体规定;

e)**应指定专人对系统进行管理,划分系统管理员角色,明确各个角色的权限、责任和风险,权限设定应当遵循最小授权原则;**

f)应依据操作手册对系统进行维护,详细记录操作日志,包括重要的日常操作、运行维护记录、参数的设置和修改等内容,严禁进行未经授权的操作;

g)应定期对运行日志和审计数据进行分析,以便及时发现异常行为。

8.2.5.8　恶意代码防范管理(G3)

本项要求包括:

a)应提高所有用户的防病毒意识,及时告知防病毒软件版本,在读取移动存储设备上的数据以及网络上接收文件或邮件之前,先进行病毒检查,对外来计算机或存储设备接入网络系统之前也应进行病毒检查;

b)应指定专人对网络和主机进行恶意代码检测并保存检测记录;

c)应对防恶意代码软件的授权使用、恶意代码库升级、定期汇报等作出明确规定;

d）应定期检查信息系统内各种产品的恶意代码库的升级情况并进行记录，对主机防病毒产品、防病毒网关和邮件防病毒网关上截获的危险病毒或恶意代码进行及时分析处理，并形成书面的报表和总结汇报。

8.2.5.9 密码管理（G3）

应建立密码使用管理制度，使用符合国家密码管理规定的密码技术和产品。

8.2.5.10 变更管理（G3）

本项要求包括：

a）应确认系统中要发生的变更，并制定变更方案；

b）**应建立变更管理制度，**系统发生变更前，向主管领导申请，变更和变更方案经过**评审、**审批后方可实施变更，并在实施后将变更情况向相关人员通告；

c）**应建立变更控制的申报和审批文件化程序，**对变更影响进行分析并文档化，记录变更实施过程，并妥善保存所有文档和记录；

d）**应建立中止变更并从失败变更中恢复的文件化程序，**明确过程控制方法和人员职责，必要时对恢复过程进行演练。

8.2.5.11 备份与恢复管理（G3）

本项要求包括：

a）应识别需要定期备份的重要业务信息、系统数据及软件系统等；

b）**应建立备份与恢复管理相关的安全管理制度，**对备份信息的备份方式、备份频度、存储介质和保存期等进行规范；

c）应根据数据的重要性和数据对系统运行的影响，制定数据的备份策略和恢复策略，备份策略须指明备份数据的放置场所、文件命名规则、介质替换频率和将数据离站运输的方法；

d）**应建立控制数据备份和恢复过程的程序，**对备份过程进行记录，所有文件和记录应妥善保存；

e）**应定期执行恢复程序，**检查和测试备份介质的有效性，确保可以在恢复程序规定的时间内完成备份的恢复。

8.2.5.12 安全事件处置（G3）

本项要求包括：

a）应报告所发现的安全弱点和可疑事件，但任何情况下用户均不应尝试验证弱点；

b）应制定安全事件报告和处置管理制度，明确安全事件的类型，规定安全事件的现场处理、事件报告和后期恢复的管理职责；

c）应根据国家相关管理部门对计算机安全事件等级划分方法和安全事件对本系统产生的影响，对本系统计算机安全事件进行等级划分；

d）应制定安全事件报告和响应处理程序，确定事件的报告流程，响应和处置的范围、程度，以及处理方法等；

e）应在安全事件报告和响应处理过程中，分析和鉴定事件产生的原因，收集证据，记录处理过程，总结经验教训，制定防止再次发生的补救措施，过程形成的所有文件和记录均应妥善保存；

f）对造成系统中断和造成信息泄密的安全事件应采用不同的处理程序和报告程序。

8.2.5.13 应急预案管理（G3）

本项要求包括：

a）应在统一的应急预案框架下制定不同事件的应急预案，应急预案框架应包括启动应急预案的条件、应急处理流程、系统恢复流程、事后教育和培训等内容；

b）应从人力、设备、技术和财务等方面确保应急预案的执行有足够的资源保障；

c）应对安全管理员、系统管理员、网络管理员等相关的人员进行应急预案培训，应急预案的培训应至少每年举办一次；（**细化**）

d）应定期对应急预案进行演练，根据不同的应急恢复内容，确定演练的周期；

e）应规定应急预案需要定期审查和根据实际情况更新的内容，并按照执行。

附录二

图、表索引